U0067973

歷屆世界盃風雲

派翠克、李維 合著

天空數位圖書出版

目錄

目錄

1930
在南美大陸
展開的世界大戰

文：派翠克

第一次世界大戰為全球帶來無法估計的破壞，不過也將世界幾個大陸都連結起來。而在一戰結束後的1930 年，另一場世界大戰在南美洲的小國烏拉圭一觸即發！那就是第一屆世界盃足球賽了！

第一屆世界盃為什麼會出現呢？除了是因為世界大戰把每一個洲的國家的距離拉近了，另一個原素是在 1924 年的巴黎奧運會的足球項目上，第一次有歐洲、南美洲、北美洲和非洲的球隊一起參加，最後來自南美的烏拉圭還在歐洲的土地上擊敗瑞士贏得金牌，成為了當時實際上的世界冠軍！

因此國際足聯主席朱爾．雷米（Jules Rimet）就產生了不如舉辦一個世界盃來玩玩的念頭。經過四年的爭取和準備，國際足聯在 1928 年 5 月 26 號，也是當年的奧運會前夕正式宣布，將會在 1930 年假烏拉圭舉行第一屆世界盃，其中一個原因是為了給烏拉圭慶祝一百年國慶，由此可見世界盃其實一開始就跟政治掛鉤了。

雖然世界盃是一件盛事，現在幾乎每支球隊都想踢世界盃。不過在接近一百年前的當年就是另一回事了。當年仍然受全球經濟大蕭條影響，加上要去地理位置偏遠的南美洲，只能夠花費大量金錢乘坐郵輪去，而且來回或許需時幾個月，對於其他洲份的球隊來說根本是難以負擔的奢侈夢想。所以第一屆賽事有很多歐洲國家就算收到參賽邀請也決定退出，只有雷米的祖國法國，以及南斯拉夫、羅馬尼亞和比利時願意給面子參加。北美洲的美國和墨西哥由於旅程較近，所以也願意參賽。再加上同樣來自南美洲的阿根廷和巴西等六個國家，也總算湊了十三支球隊參加第一屆世界盃了。十三支球隊分為四個小組比賽，所以當中只有一個小組是有四支球隊，其餘三組則是只有三支球隊角逐。不管是四隊還是三隊，總之是只有小組第一名的球隊才可以晉級四強賽，因此比賽競爭情況是相當激烈的。

地主國烏拉圭連續在 1924 和 1928 年兩屆奧運會足球項目奪金，加上擁有主場之利，自然是奪冠大熱門，他們也在分組賽輕鬆的擊敗秘魯和羅馬尼亞晉級。而且在四強戰以 6：1 大勝擊敗了兩支南美洲球隊晉級的南斯拉夫，踢了 3 場比賽只失了 1 球。能夠阻止烏拉圭前進的恐怕只有他的鄰國阿根廷了，阿根廷分組賽擊敗法國、墨西哥和智利，四強戰也以 6：1 大勝在分組賽兩戰全勝的美國晉級，阿根廷在四場比賽進了 19 球，進攻能力相當驚人。

結果烏拉圭和阿根廷這一對被一河相隔的宿敵國家，上演了一場精彩的決賽。烏拉圭在 12 分鐘先由多拉多（Pablo Dorado）先開記錄，阿根廷只花了八分鐘就由佩烏塞萊（Carlos Peucelle）追平。第 37 分鐘，斯塔比萊（Guillermo Stabile）的窄位射門為阿根廷在半場結束後以 2：1 反超前。雙方在各方面都要爭個你死我活，甚至連比賽用球是用誰的也要爭。由於當年是沒有指定用球，所以最終決定上半場使用阿根廷的足球，下半場改用烏拉圭的足球，反正沒有誰佔上風了就是啦！

到了下半場，烏拉圭或許踢了自己的足球之後就如有神助，由佩德羅．塞亞（Jose Pedro Cea）和伊里亞特（Santos Iriarte）的進球帶來反超前。相反阿根廷在下半場運氣很衰，連續有 3 名球員因為受傷無法比賽，由於當時是沒有換人的，所以阿根廷後來只能夠以 8 人應戰。而在完場前 1 分鐘，在 13 歲的時候被電鋸割去胳膊的「獨臂刀」卡斯楚（Hector Castro）把握機會再進 1 球，令烏拉圭最終以 4：2 贏得世界盃冠軍。

阿根廷的斯塔比萊就以 8 個進球成為進球最多的球員。另一方面，由於當時是沒有季軍戰的，所以美國和南斯拉夫並列季軍。不過到了 1986 年，國際足聯卻宣布以兩國在當屆的總成績來「追封」美國是 1930 年的季軍，相當搞笑。

雖然第一屆世界盃舉辦的時候遇上很多困難，也沒有非洲、亞洲和大洋洲的球隊參加，不過踢了 18 場比賽吸引了超過五十九萬人次進場觀賽，平均每場比賽有超過三萬二千名觀眾，也算是相當成功和熱鬧了。

1934
充滿權謀的
義大利世界盃

文：李維

第一屆世界盃在一片熱鬧和歡愉之下舉行，於是四年後的 1934 年，自然就能夠按照計劃舉行第二屆世界盃了。由於第一屆賽事辦得非常成功，所以首先吸引了義大利的獨裁者墨索里尼(Benito Mussolini)，這個日後跟納粹魔頭希特勒聯手策動第二次世界大戰的政客，就是看到世界盃令全世界知道有烏拉圭這個國家，所以第一時間跑出來申請主辦第二屆世界盃，結果他得償所願，不單是擊敗瑞典拿到主辦權，義大利隊還拿到了冠軍。

這次世界盃換了在歐洲做主場，因此也吸引了三十六支球隊希望參加。當然以當時的人力物力來說，不可能讓所有球隊都有份踢，所以在這一屆世界盃開始有資格賽，從三十六支球隊選出十六支球隊參加決賽圈比賽。不過這三十六支球隊之中沒有第一屆冠軍烏拉圭，原因是烏拉圭仍然覺得歐洲球隊不來參加第一屆世界盃很不給面子，所以一怒之下決定不來衛冕啦！與此同時，當時足球發源地英國也覺得世界其他國家的球隊很爛，所以寧願自己關起門來搞英倫三島四角賽也沒興趣來陪你們玩。當然國際足聯和墨索里尼也覺得有沒有英倫三島球隊也沒差啦，重點是第二屆世界盃還是順利辦成就是了。

結果第二屆世界盃決賽圈就由義大利等十二支球隊，加上巴西和阿根廷兩支南美洲球隊，還有埃及作為第一支參與世界盃決賽圈的非洲球隊。最後一支球隊本來是墨西哥擊敗古巴成為中北美洲的代表球隊，不過美國突然在資格賽踢完後才說要來玩。國際足聯為了不得罪當時已經是世界頭號大國的美國，所以只能夠臨時安排這兩支球隊在羅馬踢一場決勝負，贏了的就可以踢決賽圈。結果美國成為贏家，墨西哥卻成為第一支進了決賽圈，卻在決賽圈還沒開打就出局的球隊。

第二屆世界盃決賽圈將賽制改為全部都是一場過的淘汰賽制，在 90 分鐘或加時贏球的就晉級，輸了便打包回家。如果加時之後又打和，就要再重賽踢一次。義大利就是在第一輪以 7：1 大勝美國之後，在八強賽踢完加時之後都是跟西班牙打和，重賽之後才以 1：0 贏球晉級。墨索里尼為了確保義大利拿到冠軍，好讓自己更有面子，所以特意歸化了蒙蒂（Luis Monti）等五名在義大利球會踢球，本來是阿根廷和巴西隊的球員「轉投」義大利隊，令義大利如虎添翼，所以他們能夠一路殺進決賽。另一方面，由於其他洲份的球隊需要經過長途跋涉才來到義大利，所以完全不能有好的表現，四支歐洲以外的參賽球隊都是踢完一場比賽就領便當回家吃了，連上一屆的亞軍阿根廷也不例外。

義大利在決賽遇上在四強賽擊敗德國的捷克斯洛伐克，墨索里尼實在是太想贏了，所以在決賽向球員表明如果贏不了的話小心小命不保。這番話似乎嚇壞了球員們了，所以在決賽發揮得不好，還要被捷克斯洛伐克的普茨（Antoni Puc）在 71 分鐘先進球。眼看自己和隊友們準備走上斷頭台了，來自阿根廷的奧爾西（Raimundo Orsi）在 10 分鐘後為義大利追和，令比賽需要進入加時階段。斯切耶維歐（Angelo Schiavio）在加時 5 分鐘為義大利進球反超前，結果義大利在驚濤駭浪之下以 2：1 勝出，連續兩屆世界盃都是由地主國成為冠軍，墨索里尼的政治目的也達到了。捷克斯洛伐克的尼耶德里（Oldrich Nejedly）就以 5 個進球成為這一屆賽事進球最多的球員。至於墨索里尼的盟友德國也在季軍戰擊敗奧地利，令這一屆賽事充滿政治的氣味，「體育不涉及政治」看起來更像是不切實際的幻想。

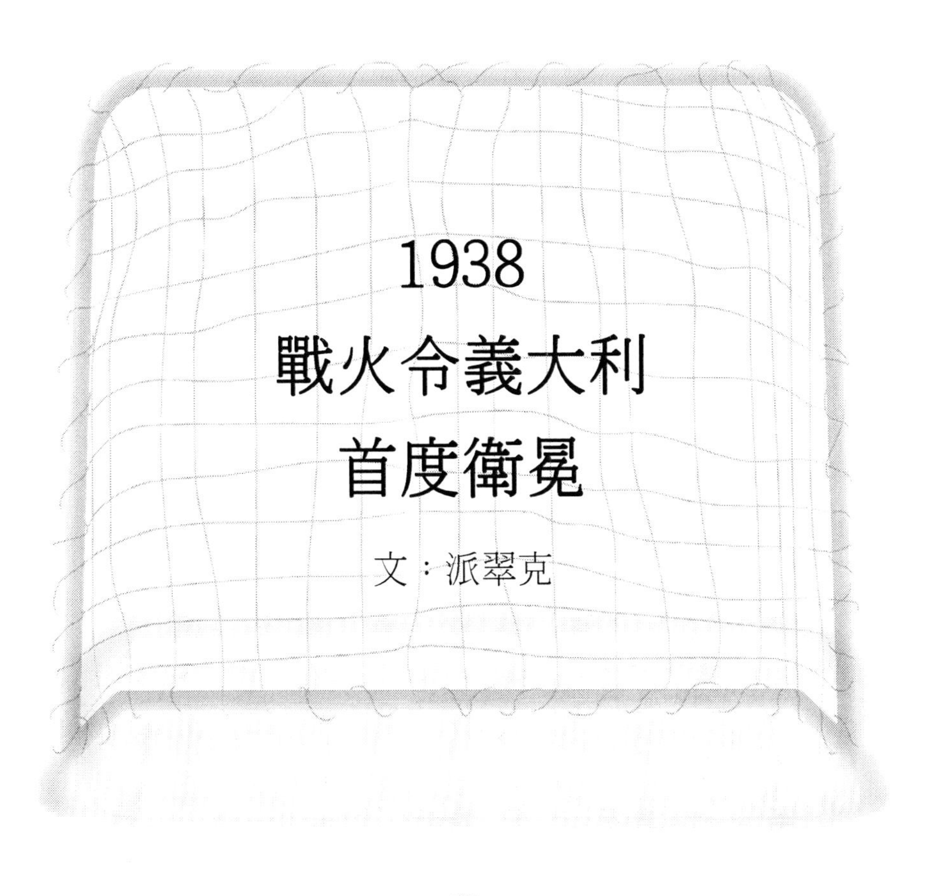

1938
戰火令義大利
首度衛冕

文：派翠克

隨著以納粹德國為主的軸心國開始向鄰國伸出魔手，1938 年的歐洲已經是準備開戰，軸心國之一的日本也逐步在東亞擴張，第二次世界大戰一觸即發！第三屆世界盃決賽圈就在這個充滿戰爭氣氛的情況下展開，結果義大利成功衛冕，也是第一支能夠在自己國家以外的地方拿到冠軍的球隊。

本來歐洲大戰準備開打已經令世界盃充滿政治意味，國際足聯的大老們卻在這時候還要來添一腳，令世界盃形勢更加複雜。這一屆比賽由世界盃之父朱爾·雷米（Jules Rimet）的祖國法國擊敗阿根廷獲得主辦權，雷米本身也是國際足聯主席，當中是否有利益關係就由大家自己去猜測啦。總之阿根廷就覺得連續兩屆世界盃都由歐洲國家舉辦實在太不給面子了，所以阿根廷和第一屆冠軍烏拉圭都再次放棄去歐洲參加，令巴西再次成為唯一參加的南美球隊。

另一方面，本來當時歐洲足球強隊奧地利也是十六支決賽圈球隊之一，不過在決賽圈開打的時候，奧地利已經被德國吞併了，有些本來是奧地利國腳的球員甚至被逼加入德國隊，所以奧地利也無法參賽了。可是國際足聯並沒有邀請在資格賽輸給奧地利的拉脫維亞補上，只是讓本來在初賽對奧地利的瑞典隊直接晉級就算了，可以看到國際足聯那時候已經是一個我說了這樣就這樣，不會嚴格遵守規矩的組織了。

義大利雖然在這一屆賽事沒有收編好像上一屆那麼多南美球員入隊，不過由於仍然擁有梅阿薩（Giuseppe Meazza）、費拉里（Giovanni Ferrari）和皮奧拉（Silvio Piola）等當時的頂尖球員，所以一路贏得比較順利。這一屆賽事跟上屆一樣是沒有分組賽的，是採取一場過淘汰賽決勝負。

義大利沿路上擊敗了挪威、地主國法國和巴西打進決賽。在決賽的對手是匈牙利，匈牙利在初賽以6：0 大勝第一支參加決賽圈的亞洲球隊荷屬東印度群島，即是現在的印尼。然後擊敗瑞士，再於四強以5：1 大勝瑞典晉級。

至於希望仿傚義大利引入外援爭奪冠軍立威的德國隊，卻在初賽已經被瑞士擊敗打包回家，而且在比賽後還被瑞士球員比克爾（Alfred Bickel）指出，德國隊的前奧地利國腳根本無心戀戰，可以說是丟盡希特勒的臉了。

終於到了決賽一戰，義大利先由科勞西（Gino Colaussi）在 6分鐘進球領先，雖然匈牙利只花了兩分鐘便追平，不過控制戰局的義大利由皮奧拉和科勞西再進兩球，半場以 3：1 領先。匈牙利在下半場一度將比分拉近，可是皮奧拉在 80 分鐘的第二個進球，令義大利以 4：2 獲勝，再度踏上世界盃冠軍的頒獎台上。

巴西就由曾經在初賽赤腳進球的里安尼達斯（Leonidas）梅開二度，在季軍戰擊敗瑞典，里安尼達斯也以 7 個進球成為這一屆賽事進球最多的球員。這屆比賽落幕之後，第二次世界大戰正式展開，原定 1942 年在德國主辦的第四屆世界盃也停辦了，所以下一屆世界盃重見天日，已經是十二年後的事了。

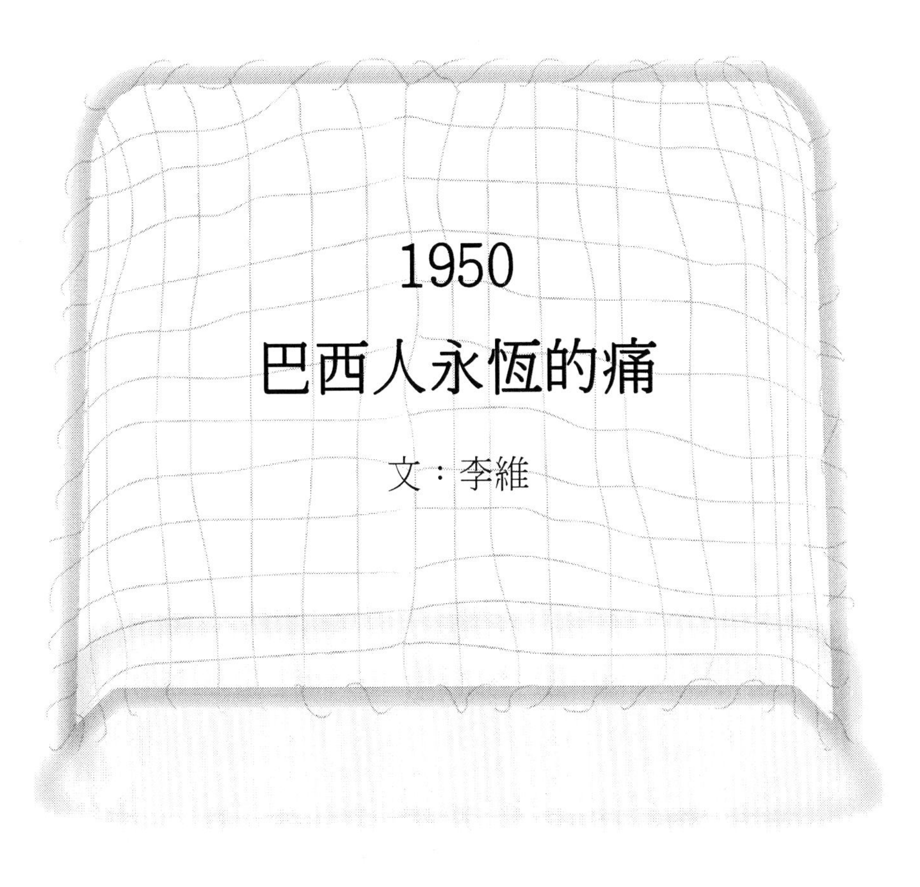

1950
巴西人永恆的痛

文：李維

經歷了慘痛的第二次世界大戰之後，全世界都需要一個盛事來添喜一下。於是國際足聯在二戰後積極復辦世界盃，不過戰爭之後不少國家死的死，傷的傷，不少人民連飯也沒得吃，國家不亡掉也差不多陷入破產，尤其是歐洲國家受二戰影響最嚴重，所以復辦世界盃在戰後根本是奢侈的幻想。

還好遠離歐洲的大國巴西願意接下這個重任，於是巴西成為了 1950 年世界盃的地主國。可是要找球隊去巴西比賽也很困難，首先是二戰的戰敗國德國，當時已經分裂為東德和西德，以及日本都被禁止參賽，然後以蘇聯為首的東歐鐵幕國家因為跟西方進行冷戰而拒絕參賽。繼而阿根廷也因為當時跟巴西關係不好而選擇不玩。還好自視為足球發源地的英國終於肯紓尊降貴派英格蘭和蘇格蘭來參加，令國際足聯終於湊足十六支球隊參加決賽圈。可是土耳其和蘇格蘭之後又說因為來巴西旅費太貴而不玩，原本找了法國來填補，可是法國看見分組賽要打烏拉圭就決定還是省一省旅費算了。再加上印度人沒錢買球鞋，國際足聯這時又突然覺得世界盃是大雅之堂，不准球員不穿鞋來比賽，於是連印度人也不玩了，結果弄來弄去，這一屆決賽圈最終只有十三支球隊出現。

這次世界盃決賽圈又回復初賽是以分組賽形式進行，四個分組都只有贏得首名的球隊晉級，其餘球隊就只有一句謝謝閣下賞面參加，下回請早了。而四支晉級球隊又不是踢淘汰賽，而是以第二輪分組賽形式互相交手，贏得分數最多的就是冠軍，沒有什麼決賽。

結果巴西、西班牙、瑞典和烏拉圭獲得晉級資格。義大利雖然是之前兩屆冠軍，不過距離上次比賽已經是十二年前，球員也已經完全不同，而且在比賽前一年還遇上蘇佩爾加空難，擁有多名國腳的杜里諾隊球員幾乎全部遇難，當中有不少是國腳，所以義大利敗在瑞典腳下出局。至於英格蘭雖然有大名鼎鼎的馬修斯（Stanley Matthews）和拉姆西（Alf Ramsey）等名將，可是竟然輸給業餘球隊美國，然後再輸給西班牙出局。

一心想要拿冠軍的巴西隊在第二輪分組賽氣勢如虹，先以7：1大勝瑞典，然後以6：1大勝西班牙，相反烏拉圭在前兩場比賽之中打平了西班牙，以及艱難地擊敗瑞典。巴西只要在最後一場比賽打和烏拉圭就可以拿冠軍，巴西全國早已經準備舉行勝利派對，陣中球星濟濟尼奧（Zizinho）甚至已經在預先設計好的冠軍號外簽好了名。巴西對烏拉圭的決定一戰在特意以這次比賽興建的馬拉卡納球場舉行，二十萬名球迷準備好在球場見證巴西加冕。

弗里亞薩（Friaca）在 47 分鐘為巴西先開紀錄，令球場氣氛更加高漲。斯奇亞菲諾（Juan Schiaffino）在 64 分鐘為烏拉圭追平，及時潑了巴西人一盤冰水。本來巴西保住比分仍然可以拿冠軍，可是巴西人相信他們仍然能夠漂亮地擊敗對手，反而令心態愈來愈不平衡，從而影響發揮。

吉賈（Alcides Ghiggia）在 75 分鐘再為烏拉圭進球反超前，巴西在落後之下更加急躁，於是也踢得更亂，結果烏拉圭保住勝局完場。在裁判鳴終場哨的一刻，坐滿二十萬人的大球場立即一片死寂，然後就是一陣又一陣痛哭的聲音，連烏拉圭球員斯奇亞菲諾都被感染而流淚。

烏拉圭第二次拿下世界盃冠軍，這次失利卻成為巴西人永遠的痛，就算往後巴西拿了五次冠軍也無法彌補。巴西的阿迪米亞（Ademir）以 8 個進球成為進球最多的球員，瑞典就擊敗西班牙成為季軍。

1954
德國人創造了
伯恩奇蹟

文：派翠克

第五屆世界盃決賽圈又輪到歐洲國家主辦了，由於瑞士在第二次世界大戰的時候是中立國，沒有受到戰火洗禮，加上國際足聯的老巢就在這裡，所以這個中歐小國就成為這一屆賽事的地主國，順道慶祝國際足聯成立五十周年。這一次比賽終於集齊十六支球隊參加，除了地主國瑞士和上屆比賽的冠軍烏拉圭，還有十一支歐洲球隊、兩支美洲球隊和第一次參加的韓國，韓國也是第一個參加決賽圈的亞洲獨立國家。除此之外，這一屆比賽也是第一次有電視轉播，是科技進步和社會繁榮的象徵。

雖然瑞士在政治上是中立國，是一個講求和平的國家，不過在這一屆世界盃決賽圈有超多進球，二十六場比賽竟然進了 140 球，平均每場比賽有 5.38 個進球，到現在還是平均每場比賽進球最多的一屆決賽圈賽事。當中奧地利以 7：5 擊敗瑞士，一場比賽就進了 12 球，到現在還是世界盃決賽圈進球最多的比賽。在現在講求防守至上的足球壇上，這些就像網球比賽的比分竟然出現在世界盃舞台，看起來簡直是不可思議，相信很難有後人可以打破的了。

要數這一屆比賽最不幸的球隊，相信除了沒能入圍的西班牙，就沒有其他球隊能夠勝任了。西班牙和土耳其在資格賽無論是得分、進球數字和失球數字都一樣，那時候並不是要他們再打一場決勝負，竟然是由一個 14 歲的義大利男生蒙眼抽籤來決定贏家，結果西班牙就這樣被命運淘汰了。

這一屆比賽雖然是以分組賽形式進行初賽，每一組都有四支球隊，不過每支球隊都只是踢兩場比賽而已，而且如果 90 分鐘打平的話要加時，加時還是打平的話才會各得 1 分，是只有這一屆比賽才出現的奇怪賽制。

匈牙利是這一屆比賽的奪冠大熱門，因為他們在戰後幾乎成為無敵戰隊，在當時的球王普斯卡斯（Ferenc Puskas）的領導之下，匈牙利在 1950 年開始的六年間只輸過一場比賽，而且在 1952 年拿到奧運足球項目金牌。

匈牙利在這一屆世界盃也展現出好像坦克輾向人群的氣勢，先是以 9：0 大勝韓國，然後以 8：3 大勝西德，射手柯奇許（Sandor Kocsis）在兩場比賽就進了 7 球。然後在八強賽以 4：2 擊敗巴西，令森巴兵團連續兩屆賽事飲恨。然後在四強戰遇上兩屆冠軍烏拉圭，才終於開始受到威脅。他們第一次沒能在 90 分鐘內解決對手，到了加時階段才由柯奇許連進兩球，粉碎了烏拉圭的衛冕希望。

匈牙利的決賽對手就是分組賽的手下敗將西德，西德和其他前二戰戰敗國在這一屆賽事獲得解禁，在分組賽先以 4:1 擊敗土耳其，可是在第二場比賽就慘敗在匈牙利腳下。於是他們要跟同樣是 1 勝 1 負的土耳其再踢一場附加賽決定八強賽資格誰屬。曾經贏過土耳其的西德這一次沒有留手，以 7:2 這個更大的比分再贏一場，然後晉級八強賽。在淘汰賽開始使出真正實力，先是以 2：0 擊敗南斯拉夫，再於四強以 6：1 大勝奧地利，第一次打進決賽。

由於匈牙利在分組賽不費吹灰之力贏過西德，而且已經四年沒輸過球，所以比賽之前外界一致認為冠軍是他們的囊中物。匈牙利在決賽開局也是順利，只花了八分鐘就由普斯卡斯和柯奇許進球領先 2：0。西德在 10 分鐘由莫洛克（Maximilian Morlock）追回一球，再由瑞恩（Helmut Rahn）在 18 分鐘再進 1 球追平。

也許是匈牙利沒想過西德隊竟然這麼厲害，所以之後沒能踢出以往的狂轟猛炸，反而在完場前 6 分鐘再被瑞恩進球，最終以 2:3 輸了六年間的唯一一場比賽，偏偏也是最重要的一場比賽。西德就這樣拿到第一次世界盃冠軍，由於決賽城市是伯恩，所以也被後世稱為伯恩奇蹟。可是後來竟然有人在西德隊的更衣室在比賽之後找到興奮劑藥瓶，很多年之後才證實是德軍在二戰時使用的興奮劑。可是當年沒有禁藥檢查制度，事隔多年之後也再沒能推翻結果，反正這一屆冠軍就是德國人拿走了。

最終匈牙利只獲得亞軍，就算柯奇許以 11 個進球拿到金靴獎，後世也認為匈牙利才應該是這一屆比賽的冠軍，可是現實就是歷史上的世界盃冠軍榜沒有刻上匈牙利的名字。而且匈牙利在 1956 年爆發革命，令球員紛紛出走甚至轉換國籍之後，匈牙利足球從此一落千丈，在這幾十年間已經淪為連打進決賽圈都很困難的歐洲三流球隊，幾乎可以說是失去了 1954 年這一次機會之後，就無法再爭奪世界盃冠軍寶座了。

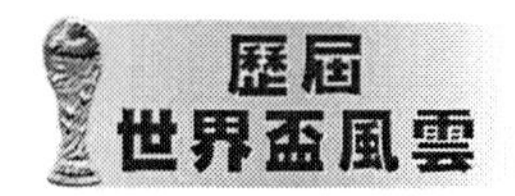
歷屆
世界盃風雲

1958
球王貝利
稱霸世界第一章

文：李維

1958 年舉行的第六屆世界盃決賽圈從中歐的瑞士，移師到北歐的瑞典舉行。號稱是「足球王國」的巴西在這一屆賽事終於修成正果，拿到夢寐以求的世界盃冠軍，而且當時年僅 17 歲的貝利技驚四座，一出道便登上了足球壇的最巔峰，揭開了他和巴西足球稱霸世界的序幕。

這一屆比賽可以說是改朝換代了，因為在前四屆世界盃贏得冠軍的烏拉圭和義大利，竟然都在資格賽就已經被淘汰出局。西德隊雖然因為是上屆冠軍的緣故，在這一屆賽事不用踢資格賽，跟地主國瑞典一起直接晉級到決賽圈，不過他們也在四強賽被瑞典擊敗，最終只獲得第四名。

而這一屆賽事的主角除了最後的贏家巴西，就是瑞典和法國了，此外就是大英帝國，因為英格蘭、蘇格蘭、北愛爾蘭和威爾斯這四個地區的代表隊都一起打進決賽圈，是到了今天為止，所有英國地區的代表隊都能夠打進同一屆世界盃決賽圈。可惜號稱是現代足球發源地的英國，四支代表隊當中只有北愛爾蘭及威爾斯能夠打進八強，但都在八強出局，曾經不可一世的英倫足壇可說是相當丟臉。

說回這一屆的第一主角巴西隊，巴西隊除了有剛出道不久的貝利，還有迪迪（Didi）、瓦瓦（Vava）和後來成為巴西隊總教練的查加洛（Mario Zagallo）等一代名將壓場，所以分組賽踢得很輕鬆，擊敗了奧地利和蘇聯，打平了英格蘭，三場比賽都沒有失球。

貝利在淘汰賽階段才開始大發神威，先是射入唯一進球協助巴西險勝威爾斯，然後在四強大演帽子戲法，加上瓦瓦和。迪迪的進球，以 5：2 大勝法國晉級決賽。巴西在決賽的對手是地主國瑞典，瑞典在分組賽壓倒威爾斯、墨西哥和已經失去普斯卡斯（Ferenc Puskas）等球星的匈牙利取得小組首名，然後在八強和四強都由哈姆林（Kurt Hamrin）的進球，把蘇聯和西德踢走，繼 1950 年之後再次打進決賽階段。

巴西和瑞典上演了直到今天還是進球最多的一次世界盃決賽，當時的 AC 米蘭瑞典三劍俠之一的利德霍爾姆（Nils Liedholm）在 4 分鐘便進球，當時已經年屆 35 歲 263 天的他成為世界盃決賽史上年紀最大的進球球員。不過瓦瓦在 5 分鐘後就為巴西追平，之後再進一球反超前。

貝利就在下半場 10 分鐘為巴西再下一城，他也以 17 歲 249 天成為世界盃決賽史上最年輕的進球球員紀錄保持者。之後查加洛的進球幾乎為巴西鎖定勝局，雖然瑞典在比賽尾聲的時候多進 1 球拉近比分，可是貝利在完場前再進一球，令巴西以 5：2 贏球，首次舉起世界盃獎座。巴西的迪迪和貝利分別當選這一屆開始設立的最佳球員獎和最佳年青球員獎。

至於射手獎就由法國的方丹（Just Fontaine）奪得，這一位出生於摩洛哥的法國和西班牙混血兒，在到達瑞典之後居然才發現球鞋破了。由於當時每一個球員只有一雙球鞋，所以方丹只能夠借用沒有上場機會的替補球員隊友的球鞋來穿。不過這一雙卻是他在世界盃的射門鞋，他在三場分組賽已經進了 6 球，然後在八強賽梅開二度，協助法國以 4：0 大勝北愛爾蘭。雖然法國隊在四強輸給巴西，方丹還是在這場比賽獲得這一屆賽事的第 9 個進球。到了季軍戰，他更加是一人獨進 4 球，成為法國以 6：3 擊敗西德奪得季軍的功臣。於是方丹就成為到現在為止，世界盃決賽圈之中進球最多的球員。隨著現代足球愈來愈著重防守，一支球隊在一屆世界盃賽事進 13 球都非常困難，何況是一個球員進 13 球呢？所以相信方丹這個紀錄在可見的將來都沒有人能夠打破。

可惜方丹後來因為受傷太多，所以在 1962 年就已經退役，那時候他只有 28 歲，這一屆世界盃就是他參加的唯一一次，實在是非常可惜。

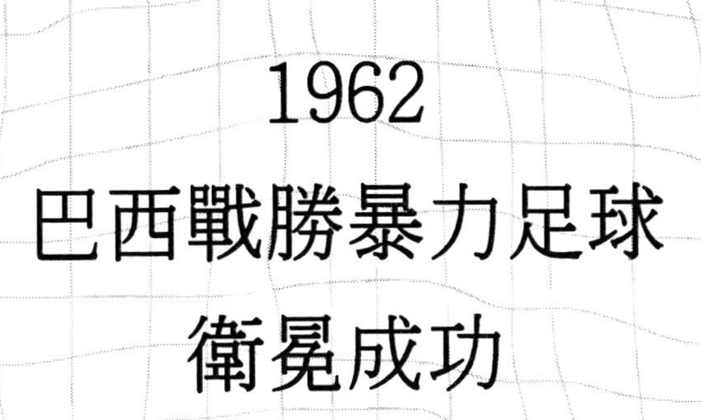

1962
巴西戰勝暴力足球
衛冕成功

文：派翠克

巴西在 1958 年第一次拿到世界盃冠軍，也是第一支在自己所屬洲份之外的地方贏得世界盃的球隊。四年之後的 1962 年世界盃決賽圈回到南美洲舉辦，加上球王貝利球技逐漸成熟，所以比賽還沒踢就已經是冠軍大熱門。結果巴西再次贏到冠軍，不過代價是貝利被對手的殺傷戰術打敗，令森巴兵團的冠軍之路走得比預期之中困難很多。

跟之前兩屆比賽一樣，1962 年世界盃決賽圈也是由十六支從資格賽晉級的球隊，分開四個小組進行分組賽，跟以往稍為不同的是這一屆的分組賽是第一次採用如果分數相同的話就以得失球差決定排名，比以往同分便以完全依靠運氣的抽籤決勝負來得更公平。結果英格蘭就是這樣把阿根廷淘汰，成為 D 組第二名球隊晉級八強賽。

或許是足球運動到了 1960 年代已經發展得比較成熟，所以不少球技沒那麼好的球隊開始找到克敵制勝的招式，第一個就是防守戰術。由於足球比賽本身就是比誰進球多的遊戲，所以從前的球隊都是踢五個前鋒，後衛反而只有兩個。不過到了 1960 年代，球技沒那麼好的球隊就寧願減少前鋒人數也要塞住後防，別讓對手進球才找機會贏對手。因此 1962 年的決賽圈是第一次平均每場比賽進球少過 3 球的，也看到了足球運動變得愈來愈重視結果。

對於較弱的球隊來說，另一個爭取贏球的絕招就是犯規，加上那時候的規則對犯規監管得很寬鬆，所以縱容了很多粗暴攔截。球王貝利就是受害者，他在第一場比賽雖然進球協助巴西擊敗墨西哥，不過已經被對手踢到受傷。第二場對捷克斯洛伐克的比賽，貝利更加被踢到無法支持下去，在這一屆賽事的餘下階段都只能夠坐在場外當觀眾。還好天生長短腳的天才球星加林查（Garrincha），以及阿馬里度（Amarildo）和瓦瓦（Vava）等人及時起來支撐了巴西隊，令巴西一路克服對手的殺傷戰術，在淘汰賽階段擊敗英格蘭和地主國智利打進決賽。

除了貝利，不少球員也被對手惡意傷害，令這一屆賽事幾乎每一場比賽都有球員雙腳走進球場，卻是無法踢完比賽，需要躺著離去。而且還在分組賽出現了著名的「聖地牙哥之戰」，事件起源是兩名義大利記者在世界盃開始之前，在報紙刊登文章說智利首都聖地牙哥是充滿罪惡的破落城市，令智利人相當憤怒，剛好智利和義大利在分組賽便要交手。於是兩支球隊踢得很火爆，義大利的費里尼（Giorgio Ferrini）踢了

8 分鐘就因為蓄意踢對手而吃了紅牌，費里尼還要不願意離開球場，令比賽停止了 8 分鐘。後來雙方球員寧願踢對手都不要踢球，寧願不贏球也要踢死對手。於是義大利的大衛（Marco David）在 41 分鐘也領了紅牌。少了兩個人的義大利後來自然不是智利的手腳，最終智利以 2：0 贏球。比賽之後雙方職球員更加肆無忌憚的打了起來，義大利隊成員甚至要警員護送才可以離開球場。

智利隊後來在四強輸給巴西，然後在季軍戰以 1：0 擊敗南斯拉夫拿到季軍。而巴西在決賽的對手，就是在分組賽就交過手的捷克斯洛伐克。

擁有「小鳥」之稱的加林查本來因為在四強賽吃了紅牌，在決賽沒能上場的。不過後來巴西總理以巴西民意為由說服了國際足聯網開一面，甚至有傳言說國際足聯在開會前收到錢，令決賽在充滿黑幕的籠罩之下舉行。

雖然捷克斯洛伐克想再次施展殺傷戰術克制巴西隊的天才球員，而且在 15 分鐘由馬索普斯特（Josef Masopust）打開比分。不過巴西球員實在太厲害了，就算捷克斯洛伐克想犯規也不得要領。結果巴西隊由阿馬里度、齊托（Zito）和瓦瓦的進球，以 3：1 反敗為勝，成為繼義大利之後第二支連續兩屆都拿到冠軍的球隊。加林查等六名球員都射進 4 球，於是他們都分享了金靴獎榮譽。而加林查就當選為賽事最佳球員，奠定了唯我獨尊的地位。

1966
英格蘭終於拿到冠軍

文：李維

世界盃到了第八屆賽事，才終於回到現代足球的發源地英格蘭舉辦，結果英格蘭也佔盡了地主國的便宜，拿到他們第一次，也是到現在為止的唯一一座冠軍獎盃。

英格蘭在這一屆的分組賽踢得相當順利，雖然第一場只能夠打平烏拉圭，不過之後連續擊敗墨西哥和法國，成為小組第一名出線，到了八強也以 1：0 擊敗阿根廷晉級四強。於是這一屆分組賽的焦點，就落在兩支第一次參加決賽圈的球隊身上。

來自神秘國度的北韓，第一場比賽就吃了蘇聯三隻光蛋。由於當時的亞洲足球在世界上完全不成氣候，所以大家都認定北韓隊只是來觀光而已。不過北韓在第二場比賽竟然打平了上一屆的季軍球隊智利，然後在第三場分組賽由本身只是牙醫的朴斗翼進球，以 1：0 將兩屆冠軍義大利淘汰出局，北韓竟然打進八強，令整個世界感到震驚。

北韓在八強的對手，就是同樣是第一次踢決賽圈的葡萄牙。葡萄牙在擁有「黑豹」稱號的尤西比奧（Eusebio）大發神威之下，在分組賽擊敗匈牙利和保加利亞，然後也擊敗了力爭三連霸的巴西而晉級。

相反巴西隊的皇牌加林查（Garrincha）在這一屆比賽沒能發揮水準，貝利也因為受殺傷戰術攻擊，被抬離球場，只能夠勉強踢了第一場和第三場比賽，結果巴西竟然在分組賽便出局。

北韓和葡萄牙的相遇，造就了世界盃歷史上其中一場最經典的比賽。北韓隊延續擊敗義大利的奇蹟，在 22 鐘已經進了 3 球。不過北韓隊員始終是沒見過太多世面的年輕人，還是太急進了，所以之後無法抵擋尤西比奧的火力全開，被黑豹連續攻進四球，最終以 3：5 落敗，就這樣結束這支神秘東方球隊的奇妙之旅。

葡萄牙在四強遇上了地主國英格蘭，不過這次就輪到地主國的巴比．查爾頓（Bobby Charlton）發威了，這名曼聯名宿梅開二度，令葡萄牙就算有尤西比奧追回一球也要輸球出局。還好葡萄牙贏了蘇聯奪得季軍，尤西比奧也以 9 個進球成為這一屆比賽的金靴獎得主。

英格蘭在決賽的對手是西德，西德在這一屆賽事捲土重來，在淘汰賽擊敗烏拉圭和蘇聯晉級決賽，而且在 12 分鐘就由哈勒（Helmut Haller）先進球領先。英格蘭在 6 分鐘之後由赫斯特（Geoff Hurst）追平，彼得斯（Martin Peters）在下半場進球為英格蘭反超前。正當英格蘭準備拿冠軍的時候，卻在下半場結束前一刻失守，令世界盃決賽第一次要踢到加時階段。

到了加時賽，赫斯特的射門中橫樑內側，皮球彈在球門線上之後離開球門。瑞士籍裁判宣判進球有效，令英格蘭再次領先。西德隊之後傾力反擊都沒能追平，反而被赫斯特在結束前的一次反擊再進 1 球，結果英格蘭以 4：2 擊敗西德，第一次成為世界冠軍。

赫斯特也成為首位在決賽大演帽子戲法的球員，不過他在加時進的第二球就算後來重看電視片段，也無法完全肯定皮球是否已經完全越過球門線，令英格蘭這一次的冠軍蒙上一層陰影。

1970
無敵巴西三奪冠軍
永久擁有雷米金盃

文：派翠克

1970 年的世界盃決賽圈在墨西哥舉行，這一屆比賽造就了不少經典時刻，也創出很多劃時代的創舉。不過這一屆比賽的主角只有兩個，就是球王貝利和他的巴西隊。

巴西隊在 1966 年世界盃被殺傷戰術擊敗，只能在小組賽之後打道回府。於是他們在這一屆賽事銳意捲土重來，雖然失去了「小鳥」加林查（Garrincha），不過球王貝利「滿血復活」，加上身邊有里維利諾（Rivelino）、雅爾金諾（Jairzinho）、托斯唐（Tostao）和阿爾貝托（Carlos Alberto）等強手協助，令這一支巴西隊堪稱是史上最強的球隊。

當然巴西在這一屆比賽能夠稱霸，也有賴於國際足聯在規則上作出不少變動。為了遏止之前兩屆賽事的各種場內場外惡意傷害對手的行為，所以由這一屆世界盃決賽圈開始設立紅黃牌制度，以及讓每支球隊在每場比賽替換兩名球員，使進攻球員獲得規則的保護，以及減少有些球隊因為球員被踢傷而被逼 10 人應戰的情況。

現在就說一下巴西在這一屆世界盃是如何厲害吧。他們首先在資格賽六場比賽全部贏球，進了 23 球，只失了 2 球。然後在分組賽第一場就以 4：1 大勝捷克斯洛伐克，在第二場分組賽面對上屆冠軍英格蘭，雖然有名將班克斯（Gordon Banks）擋出貝利的死角頭球，不過還是由雅爾金諾攻破英倫大門，最終以 1：0 贏球。

貝利在最後一場分組賽梅開二度，協助巴西擊敗羅馬尼亞，三戰全勝晉身八強。到了八強賽，就輪到托斯唐發威；在他的梅開二度之下，巴西以 4：2 殺退南美洲鄰國秘魯，然後在四強以 3：1 擊敗另一支南美洲球隊烏拉圭，以五戰全勝進 15 球的強勢打進決賽。

英格蘭在這一屆賽事以大部分冠軍隊員繼續出戰，可是在墨西哥遇上水土不服，又試過被對手球迷連夜在飯店門外叫囂導致沒能好好休息，於是在這一屆賽事表現稍為退步。到了八強遇上宿敵西德隊，還有班克斯因為食物中毒沒能上陣。雖然其他球員很爭氣，在下半場 4 分鐘將領先優勢增加到兩球，可是之後西德連追三球，令英格蘭在八強賽便出局回家。

西德在四強遇上復甦的義大利，日耳曼軍團再次發揮堅強後勁，在下半場完結之前追平義大利，將比賽帶進加時賽階段。不過西德在加時賽已經筋疲力竭，雖然穆勒（Gerd Mueller）為西德取得反超前，可是之後連失三球，義大利成為這場經典大戰的贏家。穆勒就在這場四強賽梅開二度，以 10 個進球成為這一屆的金靴獎得主。

於是決賽是兩支曾經贏過兩次世界盃冠軍的球隊的對決，由於比賽之前已經規定第一支贏得三次世界盃的球隊，就可以永久擁有雷米金盃，所以金盃肯定會在這一屆比賽之後完成歷史任務。

可是由於巴西太過強大，加上義大利跟西德激戰後元氣未復，所以這一場決賽戰況完全一面倒。貝利在 18 分鐘為巴西打開比分，雖然義大利在半場前由博寧塞尼亞（Roberto Boninsegna）把握幾乎是全場比賽唯一的機會追平，不過巴西下半場由葛森（Gerson）進球再度領先，雅爾金諾的進球拉開比分，也令這名右翼鋒成為世界盃決賽圈史上唯一一名在同一屆賽事中，每場比賽都進球的球員。

到了第 86 分鐘，巴西從後場組織攻勢，幾乎將皮球傳遍所有球員，令義大利束手無策，最終由中衛阿爾貝托（Carlos Alberto）從後插上勁射掛網，為巴西隊鎖定以 4：1 贏球，成為雷米金盃的永久擁有者。

可惜雷米金盃在 1983 年在巴西被盜走，及後雖然找到犯人，不過金盃始終再也找不到，一般相信已經被鎔化。第一座世界盃獎座至此化為輕煙，也成為世界盃史上的最大遺憾。

1974
日耳曼凱撒
擊退全能足球稱霸

文：李維

雷米金盃被巴西永久擁有之後，世界盃就進入新時代，除了獎盃換成全新的大力神盃，而且沒有球隊能夠永久擁有，連電視轉播也進入全彩色年代，令世界上有更多人能夠透過電視播放而觀看世界盃比賽。當然在比賽上，足球王者巴西退下神壇，世界盃再次成為歐美列強爭霸的舞台。

1974 年世界盃的主角是西德和第一次打進決賽圈的荷蘭，西德是這一屆決賽圈的地主國，有趣的是當時政治上的最大敵人東德，也在這一屆賽事參與了他們歷史上唯一一次決賽圈比賽，而且兩支德國人的球隊還要在分組賽交手，令分組賽充滿政治意味。結果兩支德國人球隊踢了兩場分組賽便鎖定晉級，東德在最後一場分組賽以 1：0 擊敗西德，西德只能夠成為次名出線球隊。另一方面，兩德同組的對手還有第一次參賽的大洋洲球隊澳洲，可惜這一屆賽事沒有亞洲球隊入圍，沒能讓這屆決賽圈齊集來自六大洲的球隊，澳洲也在這一屆賽事踢完分組賽便打包回家。

這一屆賽事不屬於舊勢力的天下，只有西德隊除外，足球發源地英格蘭竟然在資格賽出局，法國和蘇聯等常客也沒能入圍。巴西、義大利、阿根廷和烏拉圭就算能夠參與決賽圈，在這一屆比賽的成績也不好。

上屆亞軍義大利和另一支兩屆冠軍球隊烏拉圭在分組賽便出局，巴西和阿根廷就算能夠出線，在分組賽也踢得很勉強。尤其是巴西貴為三屆冠軍，可是在 1970 年代開始遇上青黃不接，上屆比賽的冠軍成員只餘下里維利諾（Rivelino）和雅爾金諾（Jairzinho）苦苦支撐，結果以往攻力最強的巴西，在分組賽竟然只能在初出茅廬的非洲球隊薩伊身上進球！只是相隔四年就退步了那麼多，不禁令人嘆息。

相反第一次打進決賽圈的荷蘭，在這一屆賽事由克魯伊夫（Johan Cruyff）率領之下踢出朝氣蓬勃的全能足球，所有球員都參與進攻和防守，令當時強調「堅守崗位」的對手非常吃驚。於是荷蘭在晉級的路上無往不利，在分組賽打敗烏拉圭和保加利亞，打平瑞典以首名晉級。

這一屆賽事的第二輪改為再打一次分組賽，只有小組首名才能夠打進決賽。荷蘭在第二輪分組賽先殺退阿根廷和東德，再毫不費勁的以 2：0 擊敗昔日王者巴西，昂然以五勝一平的成績打進決賽，六場比賽進了 14 球，只失 1 球。至於西德隊在第二輪分組賽也同樣是三戰全勝晉級，不過對手是波蘭、瑞典和南斯拉夫，相對來說是比較容易應付的。

因此當荷蘭和西德交手，就算西德擁有主場之利，在比賽前也看起來是荷蘭贏球的機會比較高。於是西德媒體在決賽前就發功，當地的報章大肆報道荷蘭隊員竟然在飯店大開淫亂派對，導致荷蘭球員的老婆女友群立即打電話給球員大興問罪之師。雖然這些報道最終還是沒能證實它們的真確性，不過荷蘭球員就是被這些傳言騷擾了。

荷蘭球員收拾心情踏上球場，比賽一開始就獲得十二碼球，由內斯肯斯（Johan Neeskens）射進為荷蘭打開比分。可是比賽之後就是西德的世界，先由布賴特納（Paul Breitner）射進十二碼球追平，上半場結束前由穆勒（Gerd Mueller）再進一球反超前。

荷蘭下半場想追平，可是始終沒法進球，克魯伊夫還在這場比賽大失水準，最終西德以 2：1 反敗為勝，凱撒大帝貝肯鮑爾（Franz Beckenbauer）在主場為西德隊第二次舉起世界盃獎座。波蘭就在季軍賽擊敗巴西，拉托（Grzegorz Lato）以 7 個進球成為金靴獎得主。為西德射進致勝球的穆勒雖然沒能拿到金靴獎，不過在這一屆賽事射進 4 球，累積了 14 個決賽圈進球，成為當時在世界盃進球最多的球員。西德可說是大獲全勝。

1978 阿根廷 佔盡地利首稱霸

文：派翠克

1978 年世界盃決賽圈再次回到南美洲，是由「太陽之國」阿根廷第一次做地主國，不過卻很諷刺地被外界認為是最黑暗的一屆。

隨著世界盃經過五十多年的發展已經漸趨成熟，加上全世界經歷了 1970 年代的經濟起飛，令更多國家和地區願意派隊參加資格賽，於是這一屆比賽是第一次超過一百支球隊參加，所以這一屆比賽也是最後一次只有十六支球隊可以參加決賽圈。歐洲傳統強隊英格蘭和蘇聯就連續兩屆比賽都沒能打進決賽圈，當時的歐洲盃冠軍捷克斯洛伐克也沒能入圍。還好西德、義大利、荷蘭、巴西和阿根廷這些強隊還在，令這一屆比賽還是充滿趣味。

不過那時候阿根廷由軍政府掌權，這個軍政府非常希望利用這次世界盃作宣傳，所以阿根廷為了贏得冠軍，可說是無所不用其極。首先是荷蘭球王克魯伊夫（Johan Cruyff）就因為懼怕在阿根廷被暗殺，於是放棄隨隊參加比賽。不過荷蘭還有內斯肯斯（Johan Neeskens）、哈恩（Arie Haan）和倫森布林克（Rob Rensenbrink）等名將，所以就算沒了克魯伊夫，也能夠在第二階段分組賽壓倒義大利和西德兩大強敵，拿到決賽的入場券。

至於另一支晉級決賽的隊伍，當然就是不奪冠誓不休的阿根廷。阿根廷在第一階段分組賽贏了匈牙利和擁有法國球王普拉蒂尼（Michel Platini）的法國，卻在第三場分組賽以 0：1 輸給義大利，所以只能夠獲得小組第二名，從而在第二階段分組賽要跟宿敵巴西爭奪晉級決賽的資格。阿根廷和巴西在第二階段第一場比賽都贏球，然後在第二場交手以 0：0 完場。所以要看第三場分組賽的結果來決定誰是小組首名。

巴西率先以 3：1 擊敗波蘭，於是阿根廷需要至少贏秘魯 4 球，才能夠在得失球差贏過巴西拿到第一名。結果阿根廷卻以 6：0 大勝，從而取得決賽資格。這場比賽結束之後就被外界認為是假球，畢竟對手在第一階段分組賽是力壓荷蘭的黑馬。而且相關的傳言有很多，比如是秘魯隊員被威脅如果不輸球的話，就可能被阿根廷軍政府就地正法；又比如是秘魯因為輸了這場比賽，於是獲得阿根廷政府提供糧食協助；後來又有相關球員的回憶錄斷言阿根廷球員在比賽前注射了興奮劑影響了表現。總之就是在外界看來，阿根廷在這場勝仗贏得很不光采。

不過所謂成王敗寇，阿根廷就進了決賽就是了。阿根廷在決賽展現技高一籌的表現，先由肯佩斯

（Mario Kempes）在38分鐘進了1球。荷蘭的南寧加（Dick Nanninga）在82分鐘追平，令比賽進入加時階段。肯佩斯在加時上半場完場前施展盤球以一過三的神技之後，把皮球送進荷蘭網窩，令阿根廷再次領先。然後貝爾托尼（Ricardo Bertoni）再進1球，協助阿根廷鎖定以 3：1 贏球，第一次拿到世界盃冠軍，相反荷蘭只能夠連續兩屆比賽都輸給地主國屈居亞軍。

國際足聯在這一屆比賽開始正式設立個人獎，在第一階段沒有進球，卻在第二階段分組賽和決賽連進六球的肯佩斯，成為這一屆比賽的金靴獎得主。義大利的卡布里尼（Antonio Cabrini）成為最佳年青球員獎得主。首次設立的公平競技獎就由備受爭議的阿根廷拿走，對「公平競技」這詞語來說或許是相當諷刺。

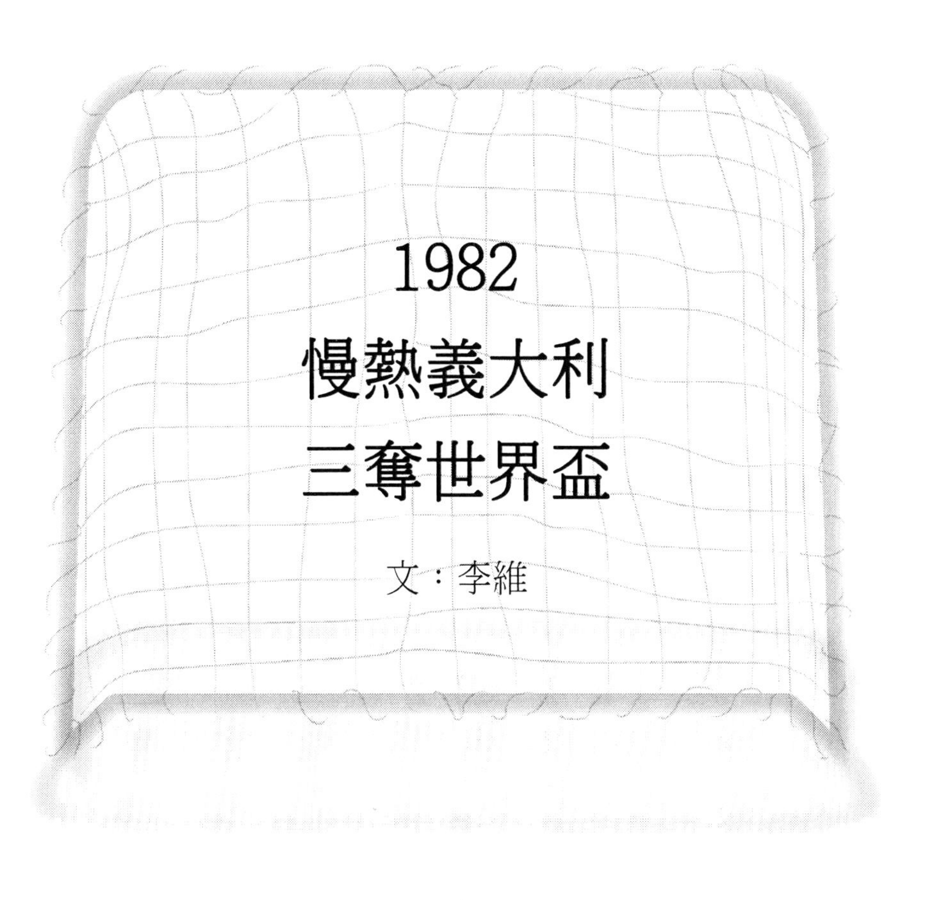

1982
慢熱義大利
三奪世界盃

文：李維

世界盃到了 1982 年一屆已經辦得相當盛大，這一屆的決賽圈隊伍數目增到二十四支球隊，因此造就這一屆決賽圈是集齊了世界六大洲的球隊。這一屆賽事可說是球星雲集，巴西有奇哥（Zico）、蘇格拉底（Socrates），英格蘭有羅布森（Bryan Robson），西德有魯梅尼格（Karl-Heinz Rummenigge），法國有普拉蒂尼（Michel Platini），阿根廷也有球王馬拉度納首次亮相，只有荷蘭因為遇上青黃不接而沒有入圍。不過最後的贏家是由羅西（Paolo Rossi）突然爆發的義大利，也是這支藍色軍團第三次成為世界冠軍。

義大利雖然成為最後贏家，不過在第一階段的分組賽表現差勁，面對波蘭、喀麥隆和秘魯竟然全部和局，只能夠因為進球較多把同樣三場比賽都和局的新手喀麥隆淘汰，成為這一組的第二名。而且本來是當家前鋒的羅西，因為涉及假球案被停賽接近兩年，在世界盃決賽圈前才復出，所以在分組賽幾乎隱形。不過到了第二階段的分組賽，義大利卻完全變了另一支球隊，雖然跟阿根廷和巴西在同一個小組，不過第一場就以 2：1 擊敗阿根廷，然後在第二場分組賽跟巴西決一死戰。巴西在這一屆賽事擁有多員猛將，號稱是史上最悅目的森巴兵團，而且在前四場比賽將蘇聯、蘇格蘭、紐西蘭和阿根廷殺個片甲不留，也令馬拉度納輸得沉不住氣，蓄意踏向對手而吃了紅牌，令上屆冠軍阿根廷在第二階段分組賽兩戰皆北出局。

義大利面對強大的巴西，竟然由羅西在 5 分鐘打開比分，蘇格拉底只用了 7 分鐘就為巴西追平。不過巴西似乎仍漫不經心，在 25 分鐘由後衛送大禮，給羅西再進 1 球為義大利再度領先。法爾考（Falcao）在下半場雖然再次為巴西追平，不過神勇的羅西再進第 3 球，令義大利爆冷淘汰了巴西，取得這一組的首名打進四強，這場比賽也成為世界盃史上其中一場最經典的大戰。

另外三支奪得第二階段分組賽首名，從而晉身四強賽的球隊是波蘭、法國和西德。由於第二階段分組賽每組只有三支球隊，所以形成有一支球隊在同組第一場和第三場比賽才需要出戰，這支球隊在第三場比賽的時候獲得比對手更多的休息時間，導致不公平情況出現。連同義大利在內的四強球隊當中，只有西德是踢第一和第二場比賽，其餘三隊都是踢第一和第三場比賽的，這樣不公平現象就很明顯了。於是在下一屆比賽開始，就索性將所有第一階段分組賽之後的比賽全部變為單場淘汰賽，直到如今。

不過西德也在這屆比賽踢了一場極受爭議的比賽，就是在第一階段分組賽跟「德語兄弟」奧地利踢了一場默契球。當時西德在第一場比賽竟然輸給阿爾及利亞，然後在第二場比賽大勝智利。在第三輪分組賽中，阿爾及利亞先打敗智利獲得兩勝一負成績，令西德必須擊敗奧地利才可以升上小組首名取得晉級資格。結果西德在 10 分鐘就進了 1 球，然後雙方都在散步直到結束。於是西德和奧地利一起晉級，阿爾及利亞就因為得失球差不及這兩隊而出局。由於兩場分組賽不是同一時間比賽，令西德和奧地利可以這樣公然亂來，所以國際足聯也在下一屆比賽開始，將最後一場分組賽安排同時進行，盡量避免這種情況再次出現。

到了四強戰，義大利再次遇上波蘭，不過這時義大利已經完全不同了，尤其是羅西完全找到他的職業生涯最巔峰的狀態，在這場比賽包辦兩個進球，令義大利輕鬆晉級決賽。

相反另一場四強戰就是另一場世界盃史上的經典大戰了。西德先由利特巴爾斯基（Pierre Littbarski）先開紀錄，普拉蒂尼射進十二碼為法國追平。西德門將舒馬赫（Harald Schumacher）在下半場出迎對手的單刀球，竟然一把將法國的巴迪斯頓（Patrick

Battiston）撞到斷了兩隻門牙，巴迪斯頓也當場昏厥，替補上場了 10 分鐘就被換下，可是裁判對舒馬赫的嚴重犯規沒有任何處罰，成為世界盃史上其中一個最受爭議的時刻。

到了加時階段，法國連進兩球一度拋離比分，可是魯梅尼格和費舍爾（Klaus Fischer）的進球為西德追平，令比賽踢完加時之後以 3：3 打平，成為世界盃史上第一場需要以互射十二碼球決勝的比賽。西德的施蒂利克（Uli Stielike）在第三輪射失，一度令法國接近打進決賽。可是法國的式斯（Didier Six）在第四輪也射失，然後在第六輪再有波錫（Maxime Bossis）射失，最終西德晉級決賽。這場比賽由於太過經典，所以在德法兩國的足球史上都稱為「塞維亞之夜」，塞維亞就是這場比賽的舉行城市。

於是決賽就由義大利和西德兩支拿過兩屆冠軍的球隊出戰。義大利在比賽初段就獲得十二碼球，不過卡布里尼（Antonio Cabrini）的射門被西德門將舒馬赫擋出來。正以為西德有運氣之際，羅西在下半場又為義大利進球。然後塔德利（Marco Tardelli）和阿托貝利（Mario Altobelli）各進一球，為義大利鎖定勝局。雖然西德在末段由 1974 年世界盃冠軍隊的老臣

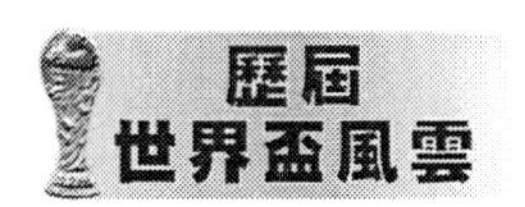

布賴特納（Paul Breitner 追回一球），義大利仍然以3：1拿到冠軍。羅西以6個進球成為金靴獎得主，他也成為第一次設立的最佳球員獎得主，義大利足球在這次世界盃可說是大獲全勝。

1986
史上最精彩
球王定天下

文：派翠克

1986 年世界盃注定是一屆不平凡的世界盃，這一屆決賽圈原本是由哥倫比亞主辦，可是這個南美洲大國因為經濟問題而放棄主辦，結果由墨西哥接手，令墨西哥成為第一個兩度主辦世界盃決賽圈的國家。不過墨西哥在決賽圈舉行前八個月遇上大地震，造成數千人死亡和無數財物損失。墨西哥不僅及時振作，還舉辦了一屆可說是歷來最精彩的世界盃，結果馬拉度納像天神下凡般，率領阿根廷擊退一眾強敵奪冠，正式確立球王地位。

在跟大家回顧馬拉度納封王之路之前，必須先講一下其他球隊在這一屆比賽如何為全球球迷獻上一場幾乎接近完美的足球盛宴。分組賽階段最令人驚喜的是第一次打進決賽圈的丹麥，雖然是決賽圈初哥，不過丹麥在艾克傑爾（Preben Elkjaer）和勞德魯普（Michael Laudrup）等名將踢出華麗的進攻足球之下，一舉將蘇格蘭、烏拉圭和西德打得潰不成軍，三場分組賽全勝獲得小組首名，甚至令人想起 1974 年第一次踢決賽圈就有機會挑戰冠軍的荷蘭。可是在分組賽贏得的掌聲令丹麥沖昏頭腦，在十六強賽被「禿鷹」布特拉格諾（Emilio Butragueno）獨取 4 球，以 1：5 慘敗在西班牙腳下，倉皇結束世界盃之旅。

至於在分組賽最令人失望的球隊相信非上屆冠軍義大利和英格蘭莫屬，義大利雖然有大部分 1982 年冠軍隊成員在陣，可是他們已經不復當年勇，上屆大顯神通的羅西（Paolo Rossi）甚至徹底淪為沒上場機會的替補。義大利幾乎只靠阿爾托貝利（Alessandro Altobelli）獨力支撐，才勉強打平保加利亞和阿根廷，在最後一場分組賽小勝韓國才拿到小組次名晉級十六強。可是在十六強，義大利面對如日中天的法國，在普拉蒂尼（Michel Platini）的輕描淡寫之下就輕鬆結束了義大利的爭取衛冕之路。

英格蘭在分組賽的對手只是葡萄牙、波蘭和摩洛哥，可是第一場比賽就已經輸給葡萄牙，第二場對摩洛哥也竟然只能和局，兩場比賽都沒有進球，陷入出局邊緣，表現備受英國媒體和球迷批評。在非勝不可之下，萊因克（Gary Lineker）及時挺身而出，在波蘭身上大演帽子戲法，將英格蘭帶到小組次名成績晉級。波蘭一戰的大勝令英格蘭徹底復活，在萊因克梅開二度之下，英格蘭輕易大勝巴拉圭晉級八強。

巴西在蘇格拉底（Socrates）、齊哥（Zico）和卡雷卡（Careca）等名將壓陣之下，不僅繼續以行雲流水的進攻令列強聞風喪膽，而且防守也比以往大幅進步。巴西在分組賽和十六強賽對波蘭全部贏球，合共進了 9 球，竟然沒有失球，對於森巴軍團來說是非常罕見。巴西在八強遇上法國，結果雙方踢了一場公認是世界盃史上其中一場最經典的賽事（當時不少球迷都嘆息這場比賽不是決賽）。

縱然比賽在酷熱天氣之下進行，雙方卻大打進攻足球，巴西先由卡雷卡打開比分，普拉蒂尼在半場結束前為法國追平。「白貝利」齊哥在下半場替補上陣，甫上陣便送出一個精彩的直線傳球，可惜被對方門將犯規，並獲得主射十二碼球的機會，可是他竟然射失了，令巴西錯失再度領先的好機會。

結果雙方大戰 120 分鐘之後仍然打平，要用十二碼決勝。雙方的主將蘇格拉底和普拉蒂尼都竟然射失了，不過巴西在第五輪有塞薩爾（Julio Cesar）也射失，法國的費南迪斯（Luis Fernandez）卻順利的射進，結果法國將巴西淘汰，連續兩屆比賽打進四強。

法國在四強戰遇上愈戰愈勇的西德，雙方在上屆四強戰踢了一場經典賽事，可是因為法國在八強戰已經耗盡體力，所以根本無法招架西德的防守反擊戰術之下，再次被西德打敗錯失爭冠機會。

阿根廷對英格蘭是另一場被列為經典的八強戰，由於阿根廷和英國在 1980 年代初期的福克蘭戰役交惡，因此雙方都視對方為死敵，令這場比賽還沒踢就已經充滿緊張氣氛。結果馬拉度納成為這場比賽的唯一主角，經過戰況膠著的上半場之後，馬拉度納在下半場 6 分鐘就以經典的「上帝之手」為阿根廷打破僵局。由於當時還沒有 VAR 協助裁判執法，所以裁判的個人決定令阿根廷取得領先。不過馬拉度納在 4 分鐘之後就令所有責備和質疑他的人也甘拜下風，他在後半場拿到球之後，竟然盤球越過英格蘭門將和五名英格蘭守將，為阿根廷擴大領先優勢，這個被視為世界盃史上最佳進球徹底打倒英格蘭。雖然萊因克之後為英格蘭進 1 球，可是阿根廷仍然以 2：1 勝出，萊因克的進球只能為他帶來金靴獎榮譽，英格蘭卻在八強出局，這場八強賽也是當屆唯一一場不用十二碼分勝負的比賽。

阿根廷在四強賽遇上黑馬比利時，結果馬拉度納再次梅開二度，輕鬆地將阿根廷帶進決賽，跟西德爭奪冠軍。由於馬拉度納實在太勇猛，所以西德當時就派專人凍結馬哥，不讓馬哥有任何碰球的機會。就算馬哥拿到球，當時擔任西德「執行教練」的「凱撒」

貝肯鮑爾（Franz Beckenbauer），也指明要數名隊員立即上前招呼他，務求將馬哥徹底封印。

西德隊在決賽盡了他們所能，縱然落後兩球也能夠追平，馬哥的活躍程度也比之前的比賽減弱很多。可是當年的馬哥實在太厲害，他只需要一個機會，就為隊友布魯查加（Jorge Burruchaga）送上致命助攻，結果阿根廷以 3：2 贏球，第二次拿到冠軍，馬哥自然成為這一屆比賽的金球獎得主。令不少老球迷相當懷念的 1986 年世界盃，就在馬哥封神之下落幕，馬哥和西德的恩怨情仇，一直延續到下一屆世界盃。

1990
防守足球抬頭
西德奪冠成有終之美

文：李維

全球經濟在1980年代登上高峰，加上1982年和1986年兩屆世界盃決賽圈的精彩絕倫，令全球球迷對1990年世界盃充滿期待。可是所謂物極必反，為了拉近和天才的距離，沒有天才的球隊只能以防守和犯規阻止對手前進的步伐，結果巧合地在以銅牆鐵壁著稱的義大利舉行的 1990 年世界盃決賽圈，成為史上每場平均進球最少，紅牌數量卻最多的一屆比賽，甚至被公認是其中一屆最糟糕和沉悶的世界盃。

說這一屆比賽是最糟糕，相信最大原因是這一屆比賽每場平均進球只有2.2球，而且到了淘汰賽階段，各支球隊都踢得更加保守，十六場淘汰賽竟然有四場需要以十二碼球決勝。而且不少球隊為了拖延時間，竟然經常將腳下球回傳給守門員用手接住，然後把球傳給後衛，後衛再把皮球回傳給守門員，令比賽變得非常沉悶。由於列強在這方面做得太過份，所以國際足聯在這一屆比賽之後修改規則，規定守門員不能用手接應回傳球，這次修改規則徹底改變了足球運動，列強在消極之下也算做了一件好事。

也許對於當時的球迷來說，1990年世界盃決賽圈是希望快轉的一屆比賽，不過當我們再來回顧的時候，才發現這一屆比賽其實是相當精彩，至少這一屆賽事留下很多值得重溫的經典片段。光是力爭衛冕的阿根廷，就已經是幾乎每場比賽都充滿話題。

阿根廷以馬拉度納等四年前奪冠的陣容再次出戰，可是由於馬哥在封神的四年間受盡無數對手的侵犯，以及他自己的私生活不檢點，所以在帶傷上場之下狀態跟四年前差很遠，而他的老隊友們也已經垂垂老矣，因此在揭幕戰竟然輸給賽前名不經傳的「非洲雄獅」喀麥隆。到了第二場面對同樣表現不佳的蘇聯，阿根廷踢得相當吃力，連首選門將也早早傷出，需要以缺乏經驗的副選門將戈伊科切亞（Sergio Goycochea）把關。蘇聯甚至有領先機會，可是馬哥在球門前再施「上帝之手」攔住皮球，裁判看漏了眼令阿根廷逃過一劫。最終阿根廷在分組賽只獲得第三名，勉強以成績較佳的第三名身份晉級十六強賽。

到了十六強，阿根廷遇上在分組賽三戰全勝而且不失一球的巴西，今非昔比的阿根廷面對巴西的強攻只能夠負隅頑抗。巴西卻始終無法攻破阿根廷，反而馬哥在下半場後段把握幾乎是全場僅有的一次機會，妙傳給「風之子」卡尼吉亞（Claudio Caniggia）射進致勝球，在絕對劣勢之下淘汰巴西。到了八強，阿根廷遇上南斯拉夫，南斯拉夫在十六強賽的加時階段，由斯托伊科維奇（Dragan Stojkovic）射進絕妙罰球淘汰了西班牙。阿根廷雖然在上半場 30 分鐘比對手多踢一人，不過反而是南斯拉夫壓著阿根廷來攻，可是南斯拉夫也是攻不破阿根廷。結果雙方踢完加時都沒進球，馬哥在第三輪十二碼竟然射失了，阿根廷在第四輪也射失了。不過伊科切亞這時成為阿根廷的救世主，本來非主力的他接連救出兩個十二碼球，令阿根廷幸運地再進一級。

阿根廷在四強的對手是地主國義大利。義大利雖然是地主國，不過表現沒有預期般好，第一場比賽迎戰奧地利，在兩名首選前鋒表現都糟糕之下，義大利孤注一擲派上替補前鋒斯基拉奇（Salvatore Schillaci），斯基拉奇卻把握機會射進唯一進球，協助義大利以一球險勝開局。第二場比賽迎戰實力不強的美國，竟然也只以 1：0 贏球。於是義大利在第三場分組賽改以斯基拉奇和新秀巴吉歐（Roberto Baggio）擔任正選前鋒，結果斯基拉奇很早就攻破捷克斯洛伐克的大門，巴吉歐更以一個絕妙的孤線進球，不光是為義大利鎖定勝局，還告訴世人他就是新一代的足球巨星。斯基拉奇在十六強和八強賽都進球，協助義大利平穩地擊敗烏拉圭和愛爾蘭打進四強，而且五場比賽都沒失球。

阿根廷對義大利的四強在南部重鎮拿玻里舉行，可說是命運之神眷顧了阿根廷，也開了義大利一個玩笑。因為貧窮的拿玻里在馬拉度納的率領之下，打破北部球隊的壟斷局面在義大利聯賽封王，因此馬哥在拿玻里人們的心目中就是神，反而對義大利沒太多歸屬感，所以縱然義大利是地主國，在這場四強戰反而變成「客軍」。「反主為客」的義大利繼續有斯基拉奇進球取得領先，義大利門將岑加（Walter Zenga）在上半場沒有失球，成為了世界盃決賽圈史上最長時間不失球的門將。可是阿根廷下半場由卡尼吉亞終於攻破義大利的大門。結果雙方在加時結束後仍然是平手，戈伊科切亞在互射十二碼階段再次成為英雄，接連救出兩名義大利球員的射門，令阿根廷連續兩屆打進決賽。可是阿根廷在這場比賽拿了五面黃牌和一面紅牌，令卡尼吉亞等四名主力沒能在決賽上陣，種下在決賽陷入劣勢的禍根。

阿根廷的宿敵英格蘭在這一屆分組賽跟 1988 年歐洲盃冠軍荷蘭、愛爾蘭和埃及同組，牌面較強的英格蘭和荷蘭表現都令人失望，相反不受注目的愛爾蘭和埃及卻比預期來得強，令這一組的比賽非常膠著，六場比賽竟然只有英格蘭以 1:0 擊敗埃及分出勝負，其餘五場比賽都打平。結果英格蘭以首名晉級，愛爾蘭和荷蘭無論分數、得失球、進球數目和對賽成績都一樣，於是要以抽籤決定誰是第二名，結果愛爾蘭成為贏家，荷蘭成為第三名，需要在十六強遇上西德。

荷蘭和西德一戰在米蘭舉行，又是一場命運安排之下的比賽。古利特（Ruud Gullit）、范巴斯滕（Marco van Basten）和里卡德（Frank Rijkaard）組成的「荷蘭三劍俠」是 AC 米蘭稱霸歐洲的主將，西德的馬特烏斯（Lothar Matthaeus）、布雷默（Andreas Brehme）和克林斯曼（Juergen Klinsmann）就是國際米蘭的核心球員，加上荷蘭和西德在 1974 年世界盃及 1988 年歐洲盃的恩怨，令這場比賽充滿話題。這場十六強雖然並不精彩，卻也是另類的世界盃經典，里卡德和西德的佛勒（Rudi Voeller）在上半場因吐口水，結果雙雙被逐離場，成為世界盃的經典畫面。失去里卡德的荷蘭無法抵抗「金色轟炸機」克林斯曼，結果再次以 1：2 落敗出局。

英格蘭雖然在分組賽取得首名，不過表現只屬平平，隊長羅布森（Bryan Robson）在第二場對荷蘭的比賽已經受傷，在餘下的比賽都無法上場。十六強賽面對比利時也踢得相當吃力，正當比賽準備在互無紀錄之下需要以互射十二碼決勝之際，替補上場的柏列（David Platt）在結束前進球將英格蘭帶進八強。

英格蘭在八強賽遇上這一屆比賽的最大驚喜喀麥隆，喀麥隆在揭幕戰雖然拿到兩張紅牌，卻擊敗了馬哥的阿根廷，第二場比賽派上年屆 38 歲的米拉（Roger Milla），這名在總統親自邀請之下復出的老前鋒卻梅開二度，協助喀麥隆擊敗羅馬尼亞。到了十六強，米拉大叔在加時階段偷走了哥倫比亞門將伊基塔（Rene Higuita）的腳下球，射進那場比賽的個人第二個進球，令喀麥隆再晉一級，米拉的這個進球令伊基塔出盡洋相，也成為另一世界盃經典片段。不過喀麥隆的氣勢在八強戰就到盡頭了，雖然在下半場一度連進兩球反超前，不過後防不斷犯錯之下，在下半場後段被萊因克射進十二碼球追平，然後在加時賽再被萊因克射進十二碼，令英格蘭以 3：2 將喀麥隆送回家。

英格蘭在四強的對手是 1966 年決賽的老對手西德，西德在分組賽氣勢凌厲，先是大勝南斯拉夫和阿聯，然後打平了哥倫比亞。十六強擊敗了荷蘭之後，八強賽以馬特烏斯的十二碼擊敗捷克斯洛伐克。英格蘭和西德在四強賽踢出一場相當精彩的比賽，雙方都有致對手於死地的機會。西德先由布雷默的罰球打中人牆改變方向後取得領先，萊因克在結束前 10 分鐘為英格蘭追平。結果這場四強賽也要以十二碼決勝，雙方在前三輪都射進，可是英格蘭的皮爾斯（Stuart Pearce）在第四輪射失，西德的托恩（Olaf Thon）在第四輪射進。結果沃德爾（Chris Waddle）在第五輪射門一飛沖天，西德艱苦之下晉級決賽。

英格蘭的「壞孩子」加斯科因（Paul Gascoigne）在比賽中吃了黃牌，就算晉級決賽都沒法上場，比賽中他忍不住流下男兒淚，也成為不少球迷心目中的經典畫面。英格蘭在沒有加斯科因之下，在季軍戰輸給義大利，義大利總算拿到安慰獎，斯基拉奇就以 6 個進球成為金靴獎和金球獎得主。

這一屆決賽的戲碼跟四年前一模一樣，不過形勢已經完全逆轉。馬哥的狀態大不如前，加上阿根廷有四名主力缺陣，令西德在這場比賽完全佔有壓倒性優勢。不過西德始終無法攻破意圖堅壁清野的阿根廷，直到替補上場的阿根廷後衛蒙松（Pedro Monzon）在 65 分鐘拿到世界盃決賽史上第一面紅牌，令阿根廷以 10 人應戰，才開始無法抵抗。布雷默在結束前 5 分鐘終於射進十二碼，為西德取得領先。

在這場比賽廖化當先鋒的阿根廷前鋒德索蒂（Gustavo Dezotti）兩分鐘後領第二面黃牌出場，令少賽兩人的阿根廷徹底完了。西德終於復仇成功拿到第三次世界盃冠軍。

在世界盃結束後的三個月，隨著兩德的統一合併，「西德」正式走進歷史，這個世界盃算是西德的「有終之美」。至於馬哥在力戰而敗後流下了英雄淚，這一幕也宣告馬球王開始走下神壇。總而言之，1990 年世界盃的結束，無論是對於足球世界還是世界大局，都是一個舊時代結束的分水嶺。

1994 小馬尾悲鳴 巴西四奪冠

文：派翠克

1990 年代是一個充滿劇變的年代，蘇聯解體、南斯拉夫分裂、兩德統一，令整個世界變了樣。加上著重整體戰和防守主義的抬頭之下，世界足球大勢跟以往彷彿換了臉一般。可以說是「新世界」之下開打的第一屆世界盃決賽圈，就落在「足球沙漠」美國的土地上，結果「足球王國」巴西復辟，在苦戰中擊敗義大利，拿到等待了二十四年的第四座冠軍獎座。

對於不少足球舊勢力來說，1994 年世界盃並不是值得記念的時刻，至少對英國、法國和烏拉圭來說肯定如此。英格蘭雖然是現代足球的發源地，也是 1990 年世界盃的殿軍，可是在這一屆的資格賽竟然輸給荷蘭和以往名不經傳的挪威，自 1978 年世界盃之後再次無緣入圍，加上蘇格蘭、北愛爾蘭和威爾斯都沒能晉級，令 1994 年一屆是英國球隊參賽以來，第一次也是至今唯一一次沒有任何球隊能夠打進決賽圈。

法國本來在最後一場資格賽主場打平保加利亞就可以晉級，可是這支擁有坎通納（Eric Cantona）和吉諾拉（David Ginola）等球星的強隊，竟然在結束前被保加利亞攻破大門，令這支藍衣軍團連續兩屆世界盃都缺席。至於沒落已久的兩屆冠軍烏拉圭，雖然仍然有弗朗西斯科利（Enzo Francescoli）等球星壓場，可是遇上佔盡高原主場優勢的玻利維亞，那是令巴西也栽倒的高原主場。於是烏拉圭也在資格賽落敗出局，令 1994 年世界盃有兩支前冠軍球隊在決賽圈之前就已經出局了。

由於美國夏天實在太酷熱，而且因為要在電視直播上遷就歐洲觀眾，因此不少比賽安排在當地時間中午和下午進行，令傳統強隊就算進了決賽圈，狀況好不了打不進決賽圈的球隊多少。統一之後第一次參賽的德國，雖然擁有大部分四年前為西德奪冠的功臣，再加上前東德隊的精英球員，可是在揭幕戰已經吃盡苦頭，只能由克連斯曼（Juergen Klinsmann）射進 1 球勉強贏了 10 人應戰的玻利維亞。之後德國打平西班牙，而且在最後一場分組賽踢了半場就已經領先韓國隊 3 球，可是下半場竟然因為對手放開來踢，加上德國隊球員年齡較大，體力不繼，結果被追回兩球，最終仍然以 2 勝 1 和成績獲得小組首名。不過德國隊在十六強對比利時也是贏得很辛苦，到了八強遇上保加利亞，雖然下半場領先 1 球，可是之後竟然連失兩球，最終在八強爆冷出局。

上屆亞軍阿根廷的狀況就更糟，在資格賽竟然主場慘吞哥倫比亞五隻光蛋，令他們只能夠參加附加賽。

阿根廷需要邀請已經年邁而且狀態大不如前的馬拉度納出山，才勉強擊敗澳洲拿到最後一張決賽圈門票。到了決賽圈第一場比賽，阿根廷由巴提斯圖達（Gabriel Batistuta）大演帽子戲法，以及馬拉度納再進金球，以4：0大勝第一次出席決賽圈的希臘。然後阿根廷遇上黑馬奈及利亞，由卡尼吉亞（Claudio Caniggia）梅開二度再贏一場。可是這場比賽之後，「馬哥」卻被驗出服用禁藥，令這場比賽成為馬哥的世界盃最後探戈。頓失支柱的阿根廷完全散了架，在第三場分組賽以0：2敗在保加利亞腳下，令他們從小組首名掉到第三名，在十六強遇上表現出色的羅馬尼亞。阿根廷雖然及時抖擻精神，跟羅馬尼亞踢了一場可說是這一屆比賽最精彩的其中一戰，可是在「東歐馬拉度納」哈吉（Gheorghe Hagi）的領軍之下，羅馬尼亞最終以3：2把阿根廷掃地出門。

雖然酷熱天氣對歐洲人影響最大，不過這一屆比賽造就了三支歐洲黑馬球隊，第一支是剛才提及的羅馬尼亞。羅馬尼亞在分組賽第一場就以3：1擊敗賽前不少人看好，甚至球王貝利預測可進四強賽的哥倫比亞。然後在小組賽拿到第一名，在十六強擊敗阿根廷晉級。羅馬尼亞和瑞典在八強賽又打了一場精彩的比賽，結果雙方以2：2打平，可是羅馬尼亞在互射十二碼輸了，在八強行人止步。至於被貝利看好的哥倫比亞，在第二場分組賽因為後衛埃斯科巴（Andres Escobar）送出烏龍而輸給美國，在分組賽結束就打道回府，埃斯科巴回國後還要因為跟當地黑幫爭執而被槍殺，成為世界盃歷史上其中一件最著名的不幸事件。

第二支歐洲黑馬是瑞典，這一支在 1990 年分組賽三戰全敗的北歐球隊，四年後在達連（Martin Dahlin）和布洛林（Tomas Brolin），以及高中鋒安德森（Kennet Andersson）等猛將的努力下表現脫胎換骨，在分組賽打平巴西和喀麥隆，以及擊敗蘇聯解體之後第一次參賽的俄羅斯，然後在十六強擊敗沙烏地阿拉伯，繼而在八強賽淘汰羅馬尼亞。在四強賽再遇上巴西，也只是以 1 球輸掉，最終在季軍戰以 4：0 大勝保加利亞，拿到 1958 年一屆之後的最佳成績。

而在瑞典晉級路途上被淘汰的俄羅斯和喀麥隆，就上演一場締造兩項世界盃紀錄的比賽，俄羅斯以 6：1 大勝因為獎金風波而軍心渙散的喀麥隆，俄羅斯前鋒薩連科（Oleg Salenko）成為世界盃決賽圈史上唯一單場獨取 5 球的球員，為喀麥隆破蛋的米拉（Roger Milla）大叔，也以 42 歲之齡成為世界盃決賽圈史上最年長的進球者。

第三支歐洲黑馬就是保加利亞。保加利亞雖然在資格賽淘汰法國，不過賽前並沒有多少人看好他們，尤其是第一場分組賽吃了奈及利亞三隻光蛋之後。不過他們之後以 4：0 大勝希臘，然後擊敗了阿根廷，剛好在分數和得失球差都跟阿根廷一樣，於是以較佳對賽成績壓過阿根廷成為小組次名。保加利亞在十六強遇上墨西哥，在互射十二碼大戰贏了。之後在八強戰就由斯托伊奇科夫（Hristo Stoichkov）和萊切科夫（Yordan Letchkov）各進 1 球，將上屆冠軍德國踢出局，保加利亞第一次打進世界盃四強。

保加利亞在四強的對手就是這一屆賽事的其中一個主角義大利，說義大利是主角，倒不如是說這個主角是巴治歐（Roberto Baggio）比較貼切。義大利在這一屆比賽出師不利，第一場就輸給愛爾蘭。然後到了第二場比賽，門將帕柳卡（Gianluca Pagliuca）在 22 分鐘就因為在禁區外攔倒對手的單刀球員而領紅牌出場。為了讓替補門將上場，義大利總教練薩基（Arrigo Sacchi）竟然選擇將巴吉歐換下場。義大利在少踢一人之下還有隊長兼後防支柱巴雷西（Franco Baresi）在下半場因傷退下火線，還好另一名巴吉歐，迪諾·巴吉歐（Dino Baggio）為義大利進球，才險勝挪威。到了第三場比賽，義大利只能夠打平墨西哥，結果義大利這一組四支球隊都是 1 勝 1 和 1 負，義大利非常勉強地因為進球較多才壓倒挪威成為第三名，驚險地打進十六強賽，他們的分組賽成績是十六強之中最差的。

到了十六強，義大利遇上奈及利亞，義大利的表現還是沒有什麼改善，在 87 分鐘的時候還是落後 1 球。就在這時候，隱形了接近四場比賽的巴吉歐終於挺身而出，以進球將接近出局的義大利救回來，然後在加時射進十二碼球，將義大利帶進八強。

到了八強，迪諾．巴吉歐先為義大利進球，然後西班牙把比分追平。巴吉歐又在 88 分鐘射進致勝球，再次成為義大利的英雄。滿血復活的他在四強愈戰愈勇，在 25 分鐘已經進了兩球，將義大利帶進決賽，可是巴吉歐卻在這時受傷退下火線，甚至可能因此無法在決賽上場。

義大利在決賽的對手，就是這一屆比賽另一個主角，也是列強之中發揮最好的巴西。巴西在 1970-80 年代堅持進攻主義而失敗之後，在 1990 年代開始轉趨保守戰術。還好他們擁有「夢幻組合」羅馬里歐（Romario）和貝貝托（Bebeto），剛好令森巴兵團在攻守兩端保持平衡。於是巴西在分組賽輕取俄羅斯和

喀麥隆，打平了瑞典取得小組首名，然後在十六強在萊昂納度（Leonardo）領紅牌被逐出場，在 10 人應戰之下仍然以 1：0 淘汰地主國美國。

到了八強，巴西遇上「三劍客」之中只剩下里卡德（Frank Rijkaard）的荷蘭，雙方踢了一場非常刺激的進攻大戰。巴西先由「夢幻組合」各進一球，貝貝托進球之後和隊友一起作出「抱兒」慶祝動作，至今仍然是世界盃經典畫面。荷蘭之後連進兩球追平。這時候代替萊昂納度上陣的布蘭科（Branco），就以一個妙絕的自由球為巴西取得勝局。

四強再次遇上瑞典，巴西也只能夠由羅馬里歐在 80 分鐘才取得進球，以 1：0 贏球晉級。

於是巴西和義大利就在決賽爭奪屬於自己的第四次世界盃冠軍。雖然美國人當時連越位是什麼都未必知道，可是這場決賽就是有超過九萬名觀眾在現場見證王者誕生，也促成後來美國大力發展足球。在接近攝氏 40 度的烈日下比賽，巴西和義大利都無法打出應有的水平。義大利有巴雷西和巴吉歐負傷上場，都只能勉強跟巴西拉成均勢。

結果雙方踢完 120 分鐘都沒有進球，令世界盃決賽第一次要以互射十二碼方式決勝。巴雷西在第一輪就已經射失，雖然巴西的第一輪也沒進，可是義大利在第四輪又有馬薩羅（Daniele Massaro）的射門被巴西門將塔法雷爾（Taffarel）救出。巴西隊長鄧加（Dunga）在第四輪射進，令巴吉歐在第五輪必須射進，義大利才有反勝希望。可惜他的射門竟然一飛沖天，成就了巴西登上寶座。羅馬里歐成為這一屆的最佳球員，射手獎就由薩連科和斯托伊奇科夫以6個進球一起拿到。唯有可憐的巴吉歐什麼都得不到，在射失十二碼之後只能低頭不語，繼而忍不住留下英雄淚。更可惜的是這名「金童」的這一次失誤，就成為他的足球生涯主題，由萬人敬仰轉為悲劇英雄的轉捩點。

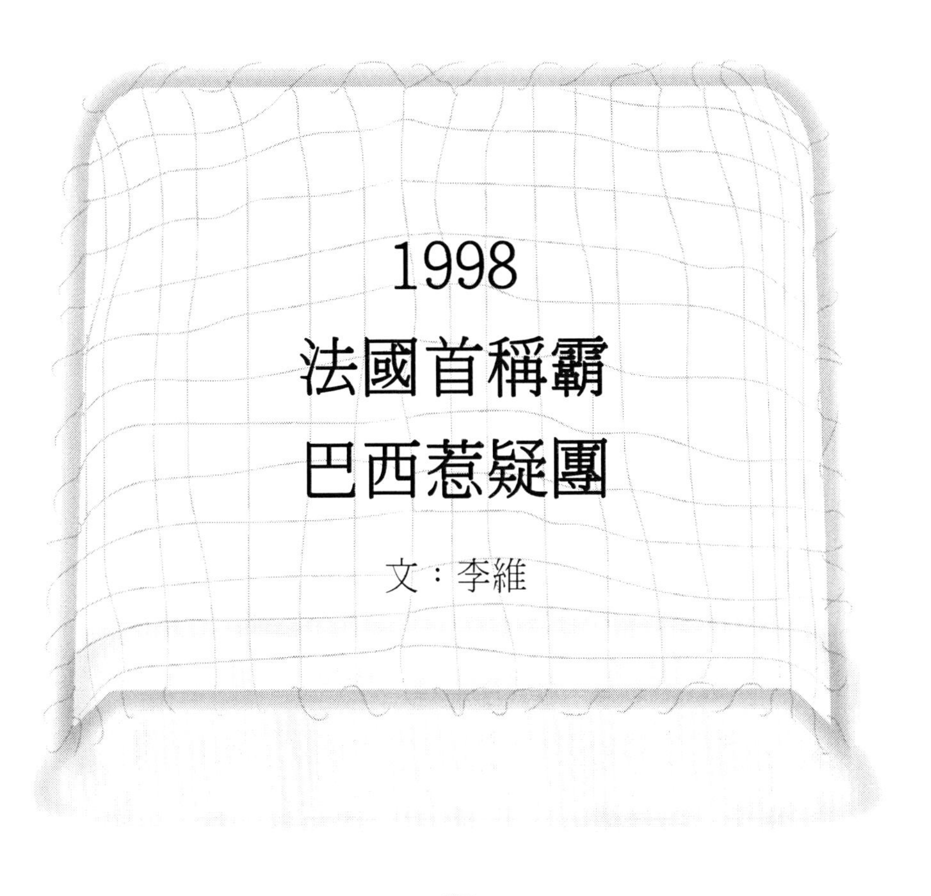

1998
法國首稱霸
巴西惹疑團

文：李維

隨著世界盃愈來愈商業化，國際足聯也在1998年世界盃將決賽圈參賽名額，由24個增至32個，令更多球星和有一定實力的球隊都能夠參與，從而令世界盃規模更盛大。在這一屆世界盃之中，更強的球隊擊敗了強隊晉級。最終贏家是地主國法國，可是縱然登上世界之巔，法國是否真正的地上最強，在眾多疑團之下打上了很多問號。

法國、英格蘭、南斯拉夫的回歸，令這一屆決賽圈可說是幾乎齊集了那個時候世上最強的球隊，在缺席的球隊當中，只有繼續低迷的兩屆冠軍烏拉圭、上屆季軍瑞典和1996年歐洲盃亞軍捷克比較令人惋惜。而這一屆賽事形勢就像玩鬥獸棋，強子被更強的子所剋一般。首先是在1996年奧運會一鳴驚人，連克阿根廷和巴西奪得男足項目金牌的奈及利亞，這支綽號「超霸鷹」的球隊在賽前獲得球王貝利「祝福」，他們在第一場比賽就以3：2擊敗西班牙，埋下西班牙在分組賽就出局的種子。然後是繼上屆之後再次擊敗保加利亞。雖然在最後一場分組賽輸給巴拉圭，奈及利亞仍然以小組首名晉級。不過到了十六強，奈及利亞就以1：4慘敗在丹麥腳下，就這樣令人失望地離開世界盃舞台。

英格蘭在八年之後再次參與決賽圈，不過隨著加斯科因（Paul Gascoigne）的落選，這次完全沒有在1990 年一屆拿到殿軍的功臣在陣，而是由貝克漢為首的新一代出戰。英格蘭在分組賽輸給羅馬尼亞，還好在最後一場分組賽由貝克漢射進招牌罰球擊敗哥倫比亞，以小組次名身份晉級。英格蘭在十六強遇上宿敵阿根廷，阿根廷在分組賽擊敗日本、牙買加和克羅埃西亞獲得小組首名，巴提斯圖達（Gabriel Batistuta）在對牙買加一戰連中三元，成為世界盃史上唯一在兩屆決賽圈都大演帽子戲法的球員。英格蘭和阿根廷上演一場相當精彩的比賽，英格蘭在 16 分鐘就由年僅18 歲的歐文（Michael Owen）射進金球，以 2：1 反超前，不過阿根廷在半場前就追平。下半場兩分鐘，貝克漢被西蒙尼（Diego Simeone）放倒，倒在地上的貝克漢竟然按捺不住用後腿踢對方，令裁判立即給他紅牌。英格蘭在少踢一人之下，在加時之後仍然守住沒輸，可是在十二碼戰有兩名球員射失之下，在十六強就被阿根廷淘汰。

晉級的阿根廷在八強遇上荷蘭，告別「三劍客」時代的荷蘭以克魯伊維特（Patrick Kluivert）等在1995 年協助阿賈克斯奪得歐冠的新一代，再配合博格坎普（Dennis Bergkamp）等球星參加這一屆賽事。雖然在第一場分組賽沒能擊敗沒落的鄰居比利時，不過之後大勝韓國，然後打平墨西哥，也足以拿到小組首名。到了十六強，由戴維斯（Edgar Davids）結束前的致勝球淘汰南斯拉夫，到了八強就跟阿根廷踢了另一場經典之戰。

雙方大部分時間都打成平手，繼承了馬拉度納 10 號球衣的奧爾特加（Ariel Ortega），在 87 分鐘竟然沉不住氣，蓄意侵犯荷蘭門將范德薩（Edwin van der Sar），於是被罰紅牌出場。結果荷蘭把握機會，由弗蘭克．德波爾（Frank de Boer）在後場長傳到阿根廷禁區，博格坎普第一時間用右腳控球並拐過阿根廷中衛阿亞拉（Roberto Ayala），再第一時間用右腳射進這個世界盃史上其中一個經典金球，就此將荷蘭送進四強。

荷蘭在四強的對手是上屆冠軍巴西，巴西雖然放棄了壞孩子羅馬尼歐（Romario），不過擁有已經成為新一代中鋒代表羅納度（Ronaldo），加上里瓦度（Rivaldo）和萊昂納度（Leonardo）等人的協助下，賽前已經是不少人心目中的冠軍大熱門。森巴兵團在晉級過程相當順利，不過以事後孔明的角度來看，巴西的比賽總是帶來令人狐疑的味道。巴西在揭幕戰落後之下，只能夠以一個對手的烏龍球險勝蘇格蘭。然後他們以 3：0 清脆的擊敗摩洛哥，踢了兩場就提早以小組首名身份出線。巴西在第三場比賽只是「例行公事」，卻沒有讓主力休息。可是奇怪的是巴西在這場比賽表現不好，爆冷輸給挪威。到了十六強，巴西又回復正常水平，以 4：1 大勝智利。然後在八強遇上丹麥，再由瓦度梅開二度，才以 3：2 險勝晉級。到了四強，巴西面對強大的荷蘭仍然佔據上風，由羅納度打開比分。克魯伊維特在結束前 3 分鐘把握少有的機會為荷蘭追平，結果兩隊要以互射十二碼決勝。巴西隊長鄧加（Dunga）射進第四輪十二碼，相反荷蘭連續兩輪射失，令巴西再次打進決賽。

在淘汰賽的另一端，義大利和德國兩支三屆冠軍球隊，都一起在八強賽出局。不再是天之驕子的巴吉歐（Roberto Baggio）雖然連正選位置也失去了，不過在這一屆決賽圈把握機會完成了自我救贖，先是射進十二碼球協助義大利在分組賽打平智利，然後在八強互射十二碼階段，為義大利射進第一球。可惜義大利又有其他球員射失，令義大利輸給法國出局。德國雖然拿到 1996 年歐洲盃，可是主力陣容老邁的情況比上一屆更嚴重，雖然仍然能夠擊敗實力不強的美國和伊朗晉級淘汰賽，而且在十六強擊敗墨西哥，不過在八強賽面對克羅埃西亞，德國完全被技術性擊倒，以0：3 落敗出局。年屆 38 歲的馬特烏斯（Lothar Mattheus）在這場比賽以二十五場上陣，成為世界盃決賽圈史上上陣次數最多的球員，可見德國當時遇上多麼嚴重的青黃不接問題。

這一屆比賽是克羅埃西亞脫離南斯拉夫獨立之後第一次參賽，由於隊中有博班（Zvonimir Boban）和蘇克（Davor Suker）等多名前南斯拉夫猛將，所以是非一般的新秀。普羅辛內茨基（Robert Prosinecki）在第一場分組賽進球協助球隊擊敗牙買加，他在 1990 年一屆曾經為南斯拉夫進球，令他成為世界盃決賽圈史上唯一為兩個不同國家進球的球員。克羅埃西亞在十六強擊敗全隊球員染上金髮的羅馬尼亞晉級，再於八強淘汰德國，在四強遇上法國也不落下風，可惜最終仍然落敗。還好克羅埃西亞擊敗荷蘭，第一次參賽就拿到季軍，蘇克也以 6 個進球拿到金靴獎。

法國闊別了兩屆世界盃決賽圈後，終於重返決賽圈舞台。由於他們是地主國，沒有參加資格賽，也在兩年前的歐洲盃沒有亮眼的成績，所以縱然有主場之利，以及新一代球王席丹（Zinedine Zidane）壓場，賽前還是沒太多人看好他們。法國在分組賽就算全勝晉級，也有點是拜對手南非、沙烏地阿拉伯和丹麥實力平平所致。到了十六強，對手也只是實力不強的巴拉圭，法國也要在加時階段由勃朗（Laurent Blanc）射進世界盃史上第一個「黃金進球」才能夠淘汰對手。到了八強，法國始終拿義大利沒辦法，要以互射十二碼球方式贏球。到了四強，法國先被克羅埃西亞進球，這時右後衛圖拉姆（Lilian Thuram）突然冒出來連進兩球，也是這名一代後衛十多年來僅有的兩個國際賽進球，協助法國以 2：1 擊敗克羅埃西亞，第一次打進世界盃決賽。

雖然法國有主場之利，不過在晉級過程之中，巴西還是比較有說服力，所以不少人在賽前都估計森巴兵團可以衛冕。不過就在決賽前一刻出現奇怪的事，就是傳出羅納度因為食物中毒沒能上場，他甚至連賽前熱身都沒有出席。可是到了比賽開始的時候，他還是穿上球衣上陣，只是他和巴西都好像被抽乾了靈魂一般，踢起來完全沒勁。於是法國由席丹連進兩球，在半場已經穩妥領先。後來法國雖然有德塞利（Marcel Desailly）領紅牌出場，巴西還是沒有什麼起色，反而由珀蒂（Emmanuel Petit）在結束前以反擊為法國再下一城。結果法國以 3：0 大勝巴西，成為第七支拿到世界盃的球隊。由於這場決賽留下的疑團

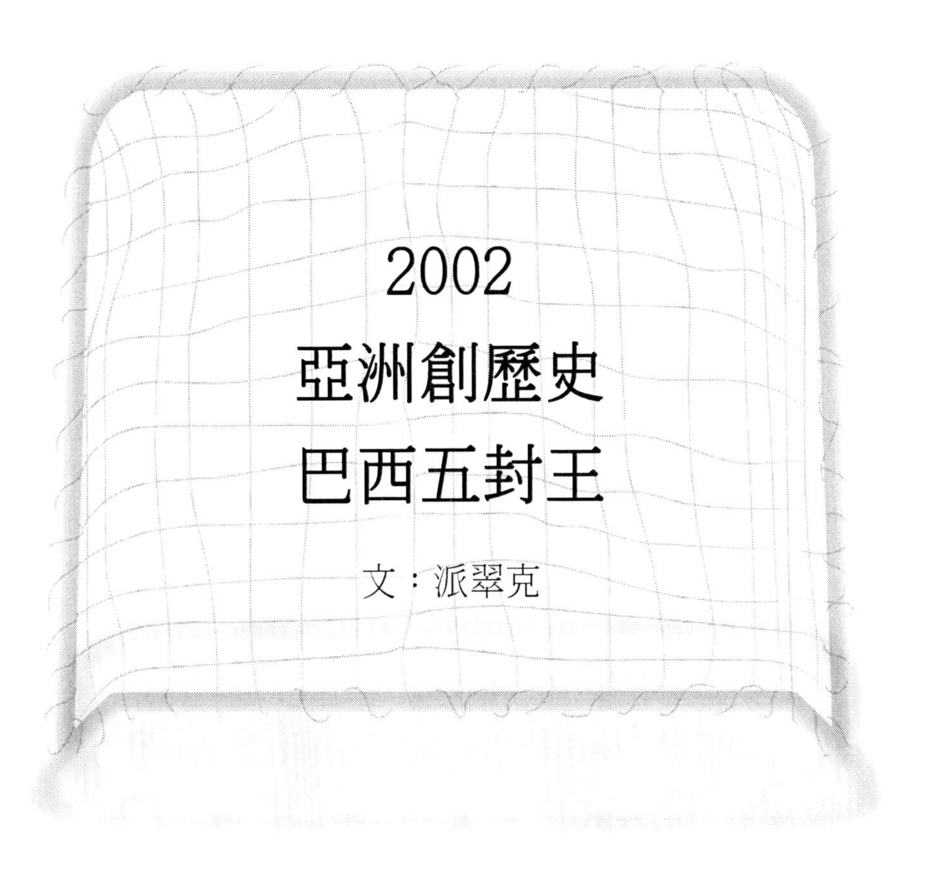

2002
亞洲創歷史
巴西五封王

文：派翠克

2002 年世界盃是二十一世紀的第一屆世界盃，也是第一次由日本和韓國兩個國家合辦，在世界盃歷史上是具有非常特別意義的一屆比賽。對於亞洲人來說，這一屆賽事更加是非常難以忘懷，因為是第一次在亞洲舉辦決賽圈，最大得益當然是亞洲球迷，終於不用因為時差問題而要熬夜看比賽，令世界盃的氣氛在亞洲區更加熾熱。

可惜的是亞洲區的氣候和時差，對於歐洲人和美洲人來說似乎難以適應，所以絕大部分歐美傳統強隊的成績都令人失望。當然最令人失望的是在 1998 年一屆拿到殿軍的荷蘭，縱然仍然是球星如雲，卻因為總教練范加爾（Louis van Gaal）的領導無方，在資格賽就已經輸給葡萄牙和愛爾蘭出局了。

法國、阿根廷、葡萄牙和義大利是這一屆賽事令人非常失望的強隊。法國保留了大部分在 1998 年拿到世界盃冠軍的隊員，在 2000 年歐洲盃和 2001 年在日韓舉辦的洲際國家盃都拿到冠軍，在賽前被視為有力衛冕的球隊，而且陣容擁有英超金靴亨利（Henry）、義甲金靴特雷澤蓋（Trezeguet）和法甲金靴西塞（Cisse），可是最重要的席丹（Zidane）卻在決賽圈前的熱身賽受傷，令他無法在對塞內加爾的第一場分組賽上陣，結果第一次參賽的塞內加爾就爆冷擊敗法國。席丹在第二場比賽還是不能上陣，結果法國只能夠以 0：0 打平烏拉圭。法國要出線的話必須在第三場分組賽擊敗丹麥，於是完全沒狀態而且還沒痊癒的席丹只能勉強復出，結果縱然他多麼努力，法國還是踢不出水準，結果以 0：2 輸球，成為第一支沒有進球就出局的上屆冠軍球隊。

阿根廷以球星如雲的陣容，在十八場南美洲區資格賽贏了十三場，在賽前也是另一支熱門爭冠球隊，就算是分在死亡之組，也有不少球迷認為他們可以晉級。阿根廷在第一場比賽由巴提斯圖達（Gabriel Batistuta）進球擊敗奈及利亞，可是在第二場比賽對英格蘭被貝克漢射進十二碼擊敗，令阿根廷必須擊敗瑞典才可晉級。可是阿根廷在總教練貝爾薩（Bielsa）的呆版戰術指揮之下，淪為進攻單調的球隊，還被瑞典先進球。雖然阿根廷在差不多完場前進球追平，仍然在積分上輸給英格蘭和瑞典，四十年來第一次在分組賽出局。

葡萄牙和義大利的失準，則造就了地主國之一的韓國創造歷史。葡萄牙在菲戈（Luis Figo）等球星領導下，在 2000 年歐洲盃打進四強，令外界對他們充滿期望。可是葡萄牙在分組賽先輸給美國，雖然第二場比賽擊敗波蘭，不過在第三場分組賽被韓國的朴智星攻破，在分組賽就出局了。相反韓國在分組賽第一場比賽擊敗波蘭，是韓國第一次在世界盃決賽圈贏球，而且在分組賽以 2 勝 1 和的成績拿到小組首名，跟另一個地主國日本一起打進十六強。

韓國在十六強賽的對手是義大利，義大利在分組賽第一場擊敗厄瓜多，不過在第二場分組賽輸給克羅埃西亞，在第三場分組賽與墨西哥打平，跟墨西哥一起晉級。在十六強雖然很早就打開比分，可是在完場前被韓國追平。到了加時階段，義大利的托蒂（Totti）在極具爭議之下拿了第二面黃牌，結果韓國在差不多完場前由安貞桓頂進黃金進球，將義大利淘汰出局，作出多個爭議判決的厄瓜多籍主裁判莫雷諾（Byron Moreno）成為全球球迷公敵。

韓國在八強跟西班牙踢了 120 分鐘沒有進球，結果洪明甫的十二碼令韓國成為史上第一支打進世界盃四強的亞洲球隊，成為亞洲之光。不過這場比賽的裁判又出現一些令外界爭議的判決，成為不少人在比賽後批判甚至否定韓國成就的理由。當然不管如何，韓國還是把皮球放進對手的球門拿到四強的入場券，是無可否認的事實。

韓國在四強的對手是德國。德國雖然是三屆冠軍，可是在這時遇上嚴重的青黃不接問題，在資格賽主場被宿敵英格蘭以 1：5 大敗。若不是巴拉克（Ballack）及時冒起，德國恐怕連決賽圈也進不了。不過德國在第一場分組賽以 8：0 大破實力不行的沙烏地阿拉伯，然後德國打平愛爾蘭和擊敗喀麥隆，在分組賽以首名晉級，克洛澤（Miroslav Klose）成為世界盃決賽圈史上在一屆比賽進五個頭球的球員。

到了淘汰賽階段，德國每一場比賽都贏得很辛苦，十六強賽在末段進球才以 1：0 僅勝巴拉圭，八強由巴拉克進球以 1：0 擊敗美國。到了四強，德國遇上無以為繼的韓國也是無計可施，結果還是由巴拉克射進唯一進球，終結韓國的神奇之旅。可是他在四強賽累計兩面黃牌，在決賽沒法上場，令巴西在決賽贏得更輕鬆。

於是巴西成為這一屆比賽的最後贏家，巴西的主將羅納度（Ronaldo）自從在上屆決賽離奇失準之後，在接著四年間猶如鬼打牆，不斷受重傷困擾，甚至因傷休息了接近兩年半。巴西的成績也遇上低谷，在

2001 年美洲盃八強賽竟然輸給宏都拉斯出局，在資格賽也幾乎不能晉級。

不過森巴兵團在羅納度復出後，跟里瓦度（Rivaldo）和羅納迪尼奧（Ronaldinho）組成了著名的「3R」組合，在決賽圈大發神威，在三場分組賽擊敗第一次打進決賽圈的中國，以及土耳其和哥斯大黎加晉級。然後在十六強遇上比利時的時候幾乎先失球，可是裁判不知為何將比利時的頭球進球判為無效，這球其實非常有爭議，不過，卻少有人提及，巴西後來連進兩球擊敗比利時晉級。八強遇上英格蘭雖然先被進球，卻在下半場由里瓦度和羅納迪尼奧各進一球反敗為勝。

巴西在四強再次遇上土耳其，由羅納度射進唯一進球令土耳其再次稱臣。不過土耳其在季軍戰只花了 10.8 秒，就由哈坎．蘇克（Hakan Sukur）先開紀錄，這進球成為決賽圈史上最快的進球。結果土耳其擊敗韓國拿到季軍，也是繼十六強淘汰日本之後，連敗兩支地主國球隊，有趣的是，在整屆世界盃裡，他們一支歐洲球隊都沒有遇到過。

巴西和德國兩支打進世界盃決賽次數最多的球隊，終於在日本的橫濱作出他們史上第一次相遇。可惜德國在沒了巴拉克，只靠門神卡恩（Oliver Kahn）獨力支撐下，根本無法招架羅納度的射門。結果在決賽突然剪了一個河童髮型的他梅開二度，將巴西帶上冠軍寶座，以隊長身份舉起世界盃獎座的卡富（Cafu），更成為目前唯一連續三屆世界盃決賽都上陣的球員。羅納度就以 8 個進球將金靴獎拿走，卡恩縱然在決賽失準，仍然拿起賽事最佳球員獎，也成為第一個拿到 MVP 的守門員。

2006
義大利背負醜聞
四奪世界盃

文：李維

2006年世界盃戰場又回到歐洲，於是這一屆賽事全然成為歐洲人的天下。德國人雖然希望以地主國身份再次成為世界王者，可是最終勝利是屬於在假球醜聞下愈戰愈勇的老對手義大利。

這一屆世界盃是充滿話題，爭議點從申辦過程已經開始。本來國際足聯希望將世界盃帶到非洲，結果德國在最後一輪投票以一票之差擊敗南非拿到主辦權。德國勝出的主因是大洋洲投票代表投了棄權票，可是這名本來表明支持南非的代表，在投票後表示因為承受壓力而變卦，於是傳出當中涉及貪污舞弊。不過後來事件不了了之，反正德國就是這一屆的地主國了。

到了資格賽階段，多支近屆世界盃決賽圈的常客球隊，在這一屆卻紛紛下馬，包括比利時、丹麥，上屆季軍土耳其也出局，而非洲區改朝換代的情況最嚴重，在2002年一屆參加的五支球隊中有四隊出局，常客喀麥隆、奈及利亞和上屆打進八強賽的塞內加爾都沒能入圍，反而是二線球隊安哥拉和多哥首次入圍，也形成非洲球隊在這一屆賽事完全不成氣候。當時準備加入亞洲足聯的澳洲，也在最後一次以大洋洲代表身份參賽之下，在附加賽淘汰兩屆冠軍烏拉圭。於是這一屆賽事是自 1982 年之後，再次是六大洲足聯都有代表球隊參加決賽圈。

德國在決賽圈之前經歷了長達六年的低潮，上屆世界盃亞軍多少具備幸運成份，所以縱然是地主國，也不是奪冠大熱門。不過德國在克林斯曼（Juergen Klinsmann）擔任總教練，率領新生代的拿姆（Philip Lahm）、施魏因斯泰格（Bastian Schweinsteiger）等人配合巴拉克（Michael Ballack）等前輩，已經形成一支強大的球隊，令分組賽對手哥斯大黎加、波蘭和厄瓜多無法招架。信心愈來愈強的德國在十六強賽輕易以 2：0 淘汰瑞典，然後在八強遇上二十一世紀最大的寃家阿根廷。

阿根廷在這一屆賽事再次掉進「死亡之組」，對手有荷蘭、擁有德羅巴（Didier Drogba）的象牙海岸，和決賽圈開賽前十天正式分裂為兩個國家，但仍然要合併參賽的塞爾維亞和蒙特內哥羅。結果阿根廷沒有再次翻船，在首兩場分組賽擊敗象牙海岸及以 6：0 大勝塞蒙，現在大家都很熟悉的梅西，就在塞蒙一戰第一次在世界盃決賽圈上陣已經進球。然後阿根廷打平荷蘭，以較佳得失球差成為小組首名，在十六強賽由羅德里格茲（Maxi Rodriguez）在加時賽射進金球，以2：1殺退墨西哥晉級。

阿根廷在八強面對有主場之利的德國，並沒有處於下風，而且先由阿亞拉（Roberto Ayala）先開紀錄，德國在80分鐘由克洛澤（Miroslav Klose）進球追平。雙方踢完加時賽還是平手，結果阿根廷有兩名球員射失十二碼，德國四射全中之下，德國將阿根廷淘汰出局，這時候誰也沒想到，這兩支球隊在接下來的兩屆賽事都遇上，最終德國取得三連勝，這就是後話了。

可惜德國並不是這一屆比賽的主角，主角是四強擊敗他們的義大利。義大利在開賽前爆出著名的「電話門」事件，事件令義甲豪門尤文圖斯被遞奪兩屆聯賽冠軍和降級，AC 米蘭、拉齊歐和佛倫提那也遭嚴懲。於是義大利隊在蒙羞下展開賽事，他們在第一場比賽以2：0擊敗迦納，然後在第二場比賽因為右後衛札卡多（Zaccardo）的烏龍球而遭美國逼和。不過義大利因禍得福，總教練里皮（Marcello Lippi）決定將本來踢左後衛的贊布羅塔（Gianluca Zambrotta）改任右後衛，取代表現不佳的札卡多，再以本來是副選的格羅索（Fabio Grosso）任左後衛，成就了「偉大的左後衛」傳奇故事。到了第三場分組賽，義大利再折了內斯塔（Alessandro Nesta），替補中衛馬特拉齊（Marco Materazzi）頂上，卻因此成就了後來的另一傳奇故事。義大利最終以2：0擊敗內德維德（Pavel Nedved）領導的捷克取得小組首名，義大利剛好同時成為內德維德為首的捷克黃金十年的起點和終點。

義大利在十六強遇上澳洲，澳洲在分組賽壓倒克羅埃西亞和日本成為小組次名，可是在打平克羅埃西亞一戰，英格蘭籍裁判波爾（Graham Poll）竟然在判給克羅埃西亞中衛希穆尼奇（Josip Simunic）第二張黃牌之時，卻沒有發紅牌趕他出場，然後他再拿第三張黃牌的時候才想起要發紅牌，成為國際足壇的知名笑話。可是波爾在此之後仍然在國際賽執法，直至一年後退役，顯出國際足聯對裁判是多麼寬容。

好了，話題回到義大利對澳洲的十六強吧，義大利在炎熱的天氣下一直拿澳洲沒辦法，直到比賽進入下半場補時階段，格羅索在對手禁區盤球後碰到澳洲後衛尼爾（Lucas Neil），義大利在爭議聲中獲得十二碼，結果整屆比賽表現沒有很突出的托蒂（Francesco Totti）射進，令義大利驚險過關。比賽後一天，義大利卻傳出擔任尤文圖斯高層的前國腳佩索托（Gianluca Pessotto）墜樓的消息，於是義大利職球員為了佩索托，在八強踢得相當賣力，結果由贊布羅塔進球和托尼（Luca Toni）梅開二度，以3：0將舍甫琴科（Andriy Shevchenko）領導的烏克蘭送回家。

歐洲球隊以外的其他洲份球隊，在這一屆比賽都沒能獲得好成績，四支亞洲球隊在分組賽全部出局，大洋洲代表澳洲在十六強輸掉回家，墨西哥在十六強被阿根廷擊退之後，中北美洲球隊也悉數畢業。非洲球隊只有迦納打進十六強，也在十六強被巴西輕鬆幹掉。不過巴西也在八強賽就止步，巴西在這一屆賽事擁有羅納度（Ronaldo）、羅納迪尼奧（Ronaldinho）、卡卡（Kaka）和阿德里亞諾（Adriano）四大神鋒，而且卡富（Cafu）和卡洛斯（Roberto Carlos）等猛將猶在，在分組賽和十六強四戰全勝，卻在八強戰被法國擊敗出局。

法國在這一屆比賽也是一支奇葩球隊，高盧人在資格賽遇上困難，要說服在 2004 年歐洲盃之後退出國家隊的席丹（Zinedine Zidane）、圖拉姆（Lilian Thuram）和馬克萊萊（Claude Makelele）復出才拿到晉級資格。不過他們在首兩場分組賽竟然沒能贏瑞士和韓國，連續兩屆比賽陷入最後一場分組賽必須贏球否則就出局的困境。而且席丹因為累計黃牌，在第三場分組賽沒能上陣。還好維埃拉（Patrick Vieira）挺身而出，以進球和助攻率領法國擊敗多哥出線。

到了十六強，法國遇上在分組賽三戰全勝的西班牙，而且還先被對手攻破大門。不過法國由席丹展示球王表現，最終法國連進三球反勝晉級。法國在八強賽面對巴西，也一點都沒有下風，反而由席丹助攻給亨利（Thierry Henry）破門，將巴西的衛冕夢結束，也鎖定四強變為歐洲盃的局面。

四強的最後一席由葡萄牙奪得，葡萄牙由老將菲戈（Luis Figo）和第一次參加世界盃的 C 羅納度合作之下，在分組賽三戰全勝，然後在十六強以 1：0 擊敗荷蘭。葡萄牙和荷蘭在這場於紐倫堡舉行的比賽踢得很激烈，可是俄羅斯籍裁判伊凡洛夫（Ivanov）完全控制不了場面，全場比賽竟然發了破世界盃決賽圈紀錄的 16 面黃牌和 4 面紅牌，因此在足球史上稱為「紐倫堡戰役」。不過同樣效力巴塞隆納的雙方球員德科（Deco）和范布隆克霍斯特（Gio van Bronckhorst）在被罰離場後一起並列當觀眾的有趣場面，已經足以說明問題出在哪兒。

到了八強，葡萄牙遇上英格蘭，葡萄牙在 2000 和 2004 年兩屆世界盃都擊敗英格蘭，這次在缺少兩名主力之下，仍然以互射十二碼球將英格蘭淘汰出局。貝克漢在被換下場之後落淚，卻成為這名萬人迷在世界盃賽場上的最後身影。可惜葡萄牙在四強遇上法國，始終都擺脫不了一直被法國牽制的命運。法國由席丹射進十二碼球，以 1：0 擊敗葡萄牙，繼 1998 年之後再次打進決賽。

義大利和德國就在另一場四強戰交鋒，德國的前身西德隊在 1990 年世界盃，就是在義大利的國土上拿到冠軍。不過這次角色就互換了，雙方踢完 90 分鐘還是沒有進球，正當比賽以為要以互射十二碼決勝之時，格羅索竟然在 119 分鐘打破悶局，然後德皮耶羅（Alessandro Del Piero）把握機會再下一城，義大利粉碎了德國的封王美夢。還好德國在季軍戰擊敗葡萄牙，拿到季軍這個安慰獎。

於是義大利和法國在柏林舉行的決賽相遇。席丹在 7 分鐘就射進十二碼，為法國打開比分。不過馬特拉齊在 19 分鐘就以頭球為義大利追平。雙方踢了 90 分鐘還是和局，然後到了加時下半場 5 分鐘，席丹竟然蓄意用頭撞倒馬特拉齊，令賽前宣布踢完世界盃就退役的席丹，竟然以一張紅牌和無數爭議聲結束自己光輝的足球生涯。義大利沒能把握人數優勢再進一球，令比賽進入互射十二碼決勝階段。

曾經在 2000 年歐洲盃決賽以黃金進球協助法國擊敗義大利的特雷澤蓋（David Trezeguet），卻在這次互射十二碼時把球射中門樑，相反以往常在十二碼戰落敗的義大利，這次卻例不虛發，在這一屆比賽冒起的傳奇人物格羅索射進第五球之後，義大利拿到第四次世界盃冠軍。卻想不到義大利足球並沒因此復興，反而從此逐步走向歷史低谷。

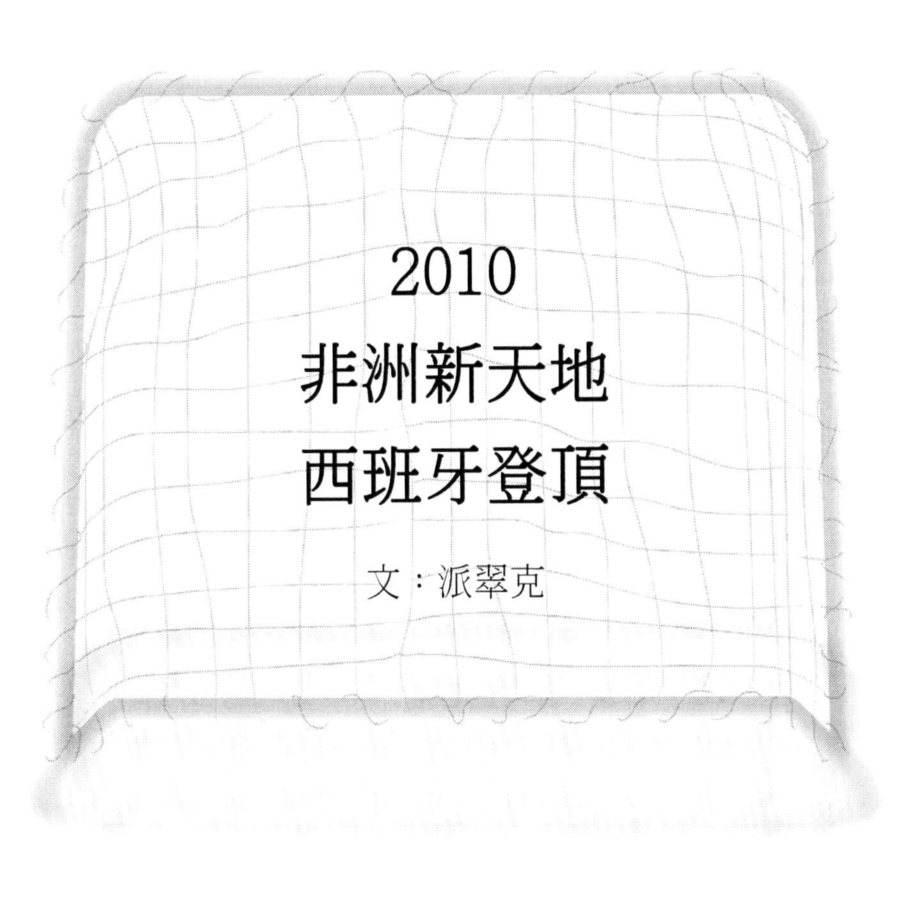

2010
非洲新天地
西班牙登頂

文：派翠克

2010 年世界盃是第一次在非洲大陸舉辦世界盃決賽圈，南非經過多年努力爭取之下，終於成功爭取為地主國。可惜南非隊的戰力不行，不僅沒辦法藉主場之利拿到好成績，連備受歐美各支球隊反感的非洲樂器 Vuvuzela 都沒有幫助到他們，反而成為第一支在分組賽就出局的地主國球隊，打破了羞辱紀錄。由於南非自動晉級決賽圈，令非洲破天荒有六支球隊參加決賽圈，可是就算喀麥隆和奈及利亞這些老勢力回歸，最終也只有迦納能夠從分組賽突圍而出。

由於比賽是自 1978 年一屆之後，事隔三十二年再次於南半球主辦，決賽圈舉行期間是冬天，因此對南美洲球隊相當有利，五支南美洲球隊都能打進十六強賽。相反「大戶」歐洲這次只有六支球隊能夠從分組賽晉級。歐洲球隊當中最令人失望的，肯定是上屆冠軍義大利和亞軍法國。義大利保留了不少上屆冠軍隊的成員，而且分組賽對手只是巴拉圭、第一次參賽的斯洛伐克和大洋洲球隊紐西蘭，賽前根本沒有認為他們會在分組賽出局。可是義大利在南非處處碰壁，彷彿運氣在四年前已經用盡一般。先是第一場對巴拉圭就已經有皮爾洛（Andrea Pirlo）沒能上陣，門神布馮（Gianluigi Buffon）也在踢了半場之後就因傷退下火線，結果只能以 1：1 逼平對手。到了第二場對紐西蘭，也竟然在 7 分鐘就失守，後來也只能以十二碼追和。本來義大利在第三場分組賽，在打和都還有機會晉級的情況下，卻竟然以 2：3 輸給斯洛伐克，三場只有 2 分在小組排最後一名出局，四年前風光舉起世界盃獎座的隊長卡納瓦羅（Fabio Cannavaro），在出局後只能在球員通道留下落寞的背影。這時候相信誰也沒想到，這只是義大利足球黑暗歲月的開始…

相比起法國，義大利在這一屆的境況似乎還好一點，因為法國隊在這一屆比賽只能以「恥辱」二字來形容。已經沒了席丹（Zinedine Zidane）壓場的法國，在崇尚星座選兵的主帥多梅尼克（Raymond Domenech）繼續胡來之下，先是在 2008 年歐洲盃決賽圈分組賽便出局，然後在這一屆資格賽屈居在塞爾維亞之下排第二名，然後在附加賽跟愛爾蘭爭奪決賽圈資格。已經成為老將的亨利（Thierry Henry）在次回合公然在手球協助之下進球，裁判卻視而不見判為有效，令法國在一片爭議聲中進入決賽圈。

法國在第一場分組賽在垂頭喪氣之下，只能和烏拉圭互無比分完場，連席丹也公開批評球隊踢得差，多梅尼克卻仍然自我感覺良好。然後安耐卡（Nicolas Anelka）在第二場分組賽半場休息時跟多梅尼克爭執，他竟然在比賽期間立即將安耐卡逐出球隊，結果法國以 0：2 輸給墨西哥。法國的處境變得跟 2002 年一屆時一樣，也要在最後一場比賽擊敗南非才可晉級。但是法國球員不但無心戀戰，而且因為表達對教練團的不滿，竟然在訓練場外拒絕下球隊大巴罷訓以示抗議，要時任法國總統薩爾科齊親自斡旋才勉強平息。結果法國隊將埃夫拉（Patrice Evra）等幾個罷訓牽頭者放在冷宮之下出戰南非，而在古爾庫夫（Yoann Gourcuff）踢了 25 分鐘就被罰紅牌退場之下，法國以 1：2 輸給地主國，再次於分組賽排最後一名出局。

亞洲球隊在這一屆比賽也是相當有看點，先是神秘國度北韓自 1966 年之後再次打進決賽圈，可是他們的實力確實不夠格，縱然有奏起國歌時不禁落淚的鄭大世奮力應戰，在分組賽面對巴西、葡萄牙和象牙海岸也只能乖乖繳械投降，三場比賽全敗出局。澳洲首次以亞洲足聯成員身份參賽，可惜也在分組賽畢業。反而是韓國和日本在這一屆賽事雙雙創造佳績，韓國在分組賽先擊敗希臘，雖然第二場比賽輸給阿根廷，卻在第三場分組賽打平奈及利亞，以較佳得失球差壓過「超級鷹」晉級。日本就擊敗丹麥和喀麥隆，面對荷蘭也只是 1 球告負，同樣以小組次名身份打進十六強賽。可惜韓國在十六強賽以 1：2 輸給烏拉圭，日本就在加時後跟巴拉圭打平，卻在互射十二碼球落敗，韓日同樣在十六強止步。

南美洲五支球隊都打進十六強賽，甚至有機會由南美洲球隊囊括四強席位，可惜被歐洲球隊反擊成功。智利率先在十六強輸給巴西出局，然後在這一屆比賽踢得異常沉悶保守的巴西，在八強也完敗在荷蘭腳下，總教練鄧加（Dunga）以紀律至上，不惜放棄私生活糜爛的天才球星羅納迪尼奧（Ronaldinho），結果付上在關鍵時刻無力回天的代價。

巴拉圭則在八強敗在西班牙腳下，西班牙在 2008 年拿到歐洲盃冠軍，開始步入盛世，在第一場分組賽竟然輸給瑞士。還好西班牙之後兩場比賽擊敗宏都拉斯和智利，以較佳得失球差壓過智利，以小組首名身份晉級，相反擊敗西班牙的瑞士在分組賽就出局了。西班牙在十六強遇上由 C 羅納度領軍的葡萄牙，結果由比亞（David Villa）的進球，以 1：0 淘汰鄰居晉級。比亞在八強賽末段再次建功，再以 1：0 擊敗巴拉圭晉級四強賽。

西班牙在四強賽的對手是德國，兩支球隊繼 2008 年歐洲盃決賽之後再次交手。德國在比賽前失去受傷的隊長巴拉克（Michael Ballack），反而造就年青一代成功接棒。德國在十六強遇上英格蘭，德國率先進了兩球，然後英格蘭追回一球。到了 39 分鐘，蘭帕德（Frank Lampard）的射門令皮球中了橫樑，電視回看畫面清楚看到皮球已經彈進球門，可是由於裁判在現場看不清楚，因此判決球沒有進。英格蘭白白錯失追平機會之後，在下半場被穆勒（Thomas Mueller）梅開二度，結果德國以 4：1 淘汰英格蘭。蘭帕德的進球無效爭議，直接成為日後國際足聯引進門線技術的理據，以及後來催生 VAR 協助執法。

然後德國在八強遇上由球王馬拉度納任總教練領軍，以梅西為核心的阿根廷。阿根廷在分組賽輕鬆的三戰全勝，在十六強也是以 3：1 擊敗墨西哥，可是德國只花了 3 分鐘就攻陷了阿根廷大門，馬哥的執教能力始終遠遠不及腳下功夫，結果德國輕易擊潰阿根廷，以 4：0 再次於八強淘汰阿根廷晉級。不過德國到了四強，再次遇上跟兩年前歐洲盃決賽一樣的命運。日耳曼人始終無法攻破西班牙，反而由西班牙後防大將普約爾（Carles Puyol）射進唯一進球，以 1：0 擊敗德國，西班牙第一次打進世界盃決賽。

巴西、阿根廷和巴拉圭在八強都輸給歐洲球隊出局，令烏拉圭成為唯一打進四強賽的南美洲球隊。在三大前鋒佛蘭（Diego Forlan）、蘇亞雷斯（Luis Suarez）和卡瓦尼（Edinson Cavani）的領導下，烏拉圭事隔二十年再次打進世界盃淘汰賽。於十六強淘汰韓國之後，烏拉圭在八強賽遇上迦納。雙方在法定時間不分勝負，比賽到了加時下半場末段，蘇亞雷斯在自家球門前以雙手護空門，於是他被判罰紅牌，迦納獲得十二碼球。可是迦納的吉安（Gyan Asamoah）竟然射失，令比賽需要以互射十二碼決勝。吉安雖然第二次射進了，可是兩名隊友射失，令烏拉圭在絕處下擊敗迦納，自 1970 年世界盃之後再次打進四強，蘇亞雷斯意外地從國家罪人變為英雄。

烏拉圭在四強遇上荷蘭，在失去蘇亞雷斯和受傷的隊長盧加諾（Diego Lugano）之下，烏拉圭無法抗衡荷蘭，結果荷蘭以 3:2 擊敗烏拉圭，自 1974 和 1978 年之後第三次打進決賽。而德國就在季軍戰擊敗烏拉圭，佛蘭獲得金球獎，穆勒就以最多助攻次數，擊敗同樣射進 5 球的另外三名球員奪得金靴獎。

西班牙和荷蘭都是沒拿過世界盃的球隊，所以無論是誰贏了，這次決賽也肯定是見證新王登基的時刻。也許是這場比賽對雙方來說實在太重要，所以雙方都踢得很緊張，於是精彩場面欠奉，反而是雙方不斷犯

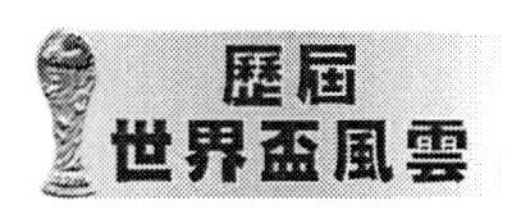

規，全場比賽出現了 14 張黃牌，打破世界盃決賽最多黃牌的紀錄。

荷蘭本來可以在法定時間解決西班牙，羅本（Arjen Robben）獲得單刀機會，擅於盤扭的他竟然無法盤過出迎的西班牙門將卡西亞斯（Iker Casillas），白白錯失良機。於是比賽進入加時階段，荷蘭中衛海廷加（John Heitinga）拿了第二面黃牌，令西班牙擁有人數優勢。結果伊涅斯塔（Andres Iniesta）在完場前 4 分鐘，終於把握機會射進唯一進球，令西班牙成為第八個拿到世界盃的國家，也是第一支在歐洲賽場以外拿到世界盃的歐洲球隊。相反可憐的荷蘭踢了三次世界盃決賽都輸，延續「無冕之王」的污名。

2014
足球王國淪陷
德國四度稱霸

文：李維

2014 年世界盃再次由足球王國巴西成為地主國，當巴西在 1950 年第一次主辦世界盃決賽圈的時候卻輸給烏拉圭，無緣在主場舉起世界盃，足球史稱「馬拉卡納慘劇」。六十四年之後，巴西已經是拿過最多次世界盃的王者，卻再次在主場被推下神壇，成為這一代巴西人無法承受的痛。

在國際足聯假惺惺地故作公平，希望每個大洲輪流主辦世界盃決賽圈之下，巴西成為這一屆自動當選的地主國，因為其他南美洲國家根本沒有足夠財力，去獨自主辦規模龐大非常的世界盃。於是巴西政府冒著舉國民眾發出為了主辦世界盃而漠視民困的罵聲，也堅持逆民意而行。巴西民眾也只能無奈接受，並將希望放在巴西隊以地主國身份，第六次拿到世界盃之上。

還好所有傳統強隊和當代最具實力的球隊，都似乎很給面子，幾乎都能夠入圍參加這次決賽圈，八支曾經拿過世界盃的球隊是第一次在同一屆決賽圈都出席。全世界相信只有北歐地區和大洋洲，這些在足球世界比較邊緣的地區沒有球隊入圍，而斯人獨憔悴了。

在這場足球盛宴上，巴西在揭幕戰雖然先失一個烏龍球，不過之後連進三球，輕易將克羅埃西亞拿下。

然後縱使只能打和墨西哥，巴西也能大勝喀麥隆取得小組首名，巴西新核心內馬爾（Neymar）在分組賽已經進了 4 球。到了十六強，巴西以互射十二碼戲走老對手智利，直到八強賽階段，一切都相當順利。

巴西在八強的對手是本屆賽事的黑馬球隊哥倫比亞，哥倫比亞足球渡過十多年的黑暗期後，在這一屆比賽光芒四射，先是在分組賽輕易擊退希臘、象牙海岸和日本，然後在十六強由帥哥羅德里奎茲（James Rodriguez）梅開二度，將上屆殿軍烏拉圭掃地出門，史上第一次打進八強。不過哥倫比亞遇上風格相剋的巴西就沒辦法了，雖然羅德里奎茲射進本屆賽事第 6 個進球，並因此令他拿到金靴獎，可是巴西仍然以 2：1 勝出。只是內馬爾在比賽末段被對手撞傷背部，令他在本屆餘下賽事無法上陣，從而種下巴西在四強賽遇上慘劇的禍根。

本屆賽事的另一支黑馬是哥斯大黎加，哥斯大黎加跟義大利、英格蘭和烏拉圭三支前世界盃冠軍球隊同組，相信除了哥斯大黎加的樂觀國民，恐怕在賽前沒人認為哥斯大黎加可以突圍。可是這支幾乎沒有球星的中美洲球隊，一出場就以 3：1 擊敗烏拉圭，然後以 1：0 擊敗義大利，踢完兩場分組賽就肯定晉級了。

相反三支前世界盃冠軍球隊只能為另一個出線席位互相撕殺，英格蘭接連輸給義大利和烏拉圭，第三場和了哥斯大黎加之後正式出局。於是義大利和烏拉圭在最後一場分組賽交手成為生死戰，在上半場接近完結時，蘇亞雷斯（Luis Suarez）竟然出口咬了基耶利尼（Giorgio Chiellini），於是被罰了紅牌。可是烏拉圭就算少踢一人，也在末段由戈丁（Diego Godin）進球擊敗義大利拿到晉級資格，只是沒了蘇亞雷斯的烏拉圭在十六強也輸掉。義大利連續兩屆都在分組賽出局，只是沒有人想到，這樣的成績還不算是義大利的最低谷…

哥斯大黎加在十六強跟希臘打平，最終以互射十二碼球勝出，跟哥倫比亞一樣是第一次打進八強。他們在八強的對手是荷蘭，荷蘭在第一場分組賽竟然就跟上屆冠軍西班牙交手，西班牙先開紀錄，可是荷蘭卻令西班牙一沉不起，在范佩西（Robin van Persie）射進相信是世界盃史上其中一個最精彩的金球之下，荷蘭以 5：1 大敗西班牙，不過也無法彌補失去上屆冠軍榮譽的痛。荷蘭之後擊敗澳洲和智利，成功取得小組首名晉級。相反西班牙在第二場分組賽再輸給智利，踢完兩場比賽就已經肯定衛冕失敗，最後一場分組賽擊敗澳洲也只是聊勝於無。西班牙從 2008 年起接連拿到兩屆歐洲盃和一屆世界盃冠軍，歷時六年的盛世至此告終。

荷蘭在十六強贏得相當驚險，在 88 分鐘才追平比分，而且在補時 4 分鐘再進 1 球，才以 2：1 險勝墨西哥。到了八強，荷蘭無法攻破哥斯大黎加，比賽要用互射十二碼決勝。一直不擅長十二碼戰的荷蘭，在加時階段完結前出奇招，將替補門將克魯爾（Tim Krul）換上陣，結果克魯爾救出兩個十二碼，相反荷蘭四射全中，令荷蘭獲得四強資格，哥斯大黎加就在沒有輸球之下結束了這次神奇之旅。

荷蘭在四強遇上阿根廷，阿根廷再次由梅西率領一眾從 2008 年奧運會拿金牌開始就並肩作戰的老戰友出戰，在分組賽連退波赫、伊朗和奈及利亞晉級，梅西三場比賽就進了 4 球。可是梅西在淘汰賽就不復分組賽的水平，還好他的戰友們及時挺身而出。迪馬里亞（Angel di Maria）在十六強賽加時賽最後階段射進致勝球，令阿根廷險勝瑞士晉級；伊瓜因（Gonzalo Higuain）早段的進球，使阿根廷以 1：0 擊敗開始進入黃金時代的比利時。荷蘭和阿根廷都是攻強於守的球隊，可是在四強都踢得非常保守，令場面極其沉悶，全場幾乎沒多少能威脅對手的攻門，看完 120 分鐘比賽後，只能問一句「我到底看了什麼？」。結果踢完加時賽都沒進球，於是又要用互射十二碼決勝。荷蘭很早就已經換了三名球員，所以這次無法再派克魯爾出來把關。相反阿根廷門將羅梅羅（Sergio Romero）就做了主角，他救出了荷蘭兩名球員的十二碼，令阿根廷打進了決賽。

讓我們將焦點回到在重建後的馬拉卡納球場發生的慘劇上，巴西在四強賽的對手是德國。德國在第一場分組賽就由穆勒（Thomas Mueller）大演帽子戲法，以 4：0 大破 C 羅納度領軍的葡萄牙，這場大敗也導致葡萄牙在分組賽就出局。然後德國跟迦納打平，再以 1：0 輕取美國取得小組首名。到了十六強，德國要在加時賽才連進兩球，以 2：1 淘汰阿爾及利亞。然後在八強由胡梅爾斯（Mats Hummels）的進球，以 1：0 擊敗老對手法國晉級。

巴西和德國繼 2002 年世界盃決賽之後，再次於世界盃賽場交手，可是這次的場面和結果跟 2002 年決賽完全相反。穆勒只花了 11 分鐘就攻破沒了內馬爾的巴西，然後克洛澤（Miroslav Klose）在 23 分鐘再進 1 球，不僅為德國拉開比分，這一個進球也是他在決賽圈第 16 個進球，打破了巴西名宿羅納度

（Ronaldo）的進球最多紀錄，克洛澤也成為第一個四次參加世界盃四強的球員。在之後的 6 分鐘時間，巴西隊突然好像遇上雪崩一樣，被德國隊連進三球，巴西踢了半小時都不夠就已經落後 5 球。這時候，整個馬拉卡納球場頓時死寂，回過神來，就是充滿喝倒采聲，主場球迷深知他們的世界盃夢已被狠狠擊碎，很多人不禁淚流滿面，部分球迷甚至在半場還沒結束就已經忍不住離開。到了下半場，巴西還是沒有改善，已經放軟手腳的德國還能多進兩球，巴西只能在完場前由奧斯卡（Oscar）破蛋，最終仍然以 1：7 慘敗，平了巴西隊史上最大敗仗紀錄。潰敗的巴西無法振作，在季軍戰面對戰意較強的另一支哀兵荷蘭，也是無精打采的以 0：3 慘敗，巴西也以失了 14 球，成為世界盃史上失球最多的地主國球隊。2014 年世界盃對於巴西人而言，無疑是一場不想回憶卻難以忘懷的國殤。

於是德國和阿根廷在巴西作出第三次世界盃決賽交鋒，德國中場主將凱迪拉（Sami Khedira）因傷無法出戰，於是之前只踢了四場國際賽的克拉默（Christoph Kramer）要臨危授命。而阿根廷在 20 分鐘就把握對手失誤得到絕佳進球機會，可是伊瓜因竟然在單刀之下，面對一個大球門也要把皮球射偏。然後伊瓜因終於把皮球射進德國大門了，卻因為越位被判無效。本來德國隊連克拉默也要因傷被換下，頭球攻門也要擊中橫樑，天平似乎更偏向阿根廷那一邊。可是阿根廷就是不爭氣，不斷將到手的機會放走。結果多次的失誤終於帶來致命的教訓，德國隊在加時下半場 8 分鐘，由格策（Mario Goetze）接應舒勒（Andre Schuerrle）的傳送，在被阿根廷守衛夾擊之下，竟然憑一己之力創造僅餘的空位，把皮球從窄位射進阿根廷大門。結果德國以 1：0，連續四屆都擊敗阿根廷，第四次拿到世界盃冠軍，也成為第一支在南美洲舉起世界盃的歐洲球隊。在淘汰賽階段毫無表現的梅西，卻拿到了金球獎，或許是國際足聯特意給他的安慰獎，卻似乎更是對他和阿根廷的嘲諷。

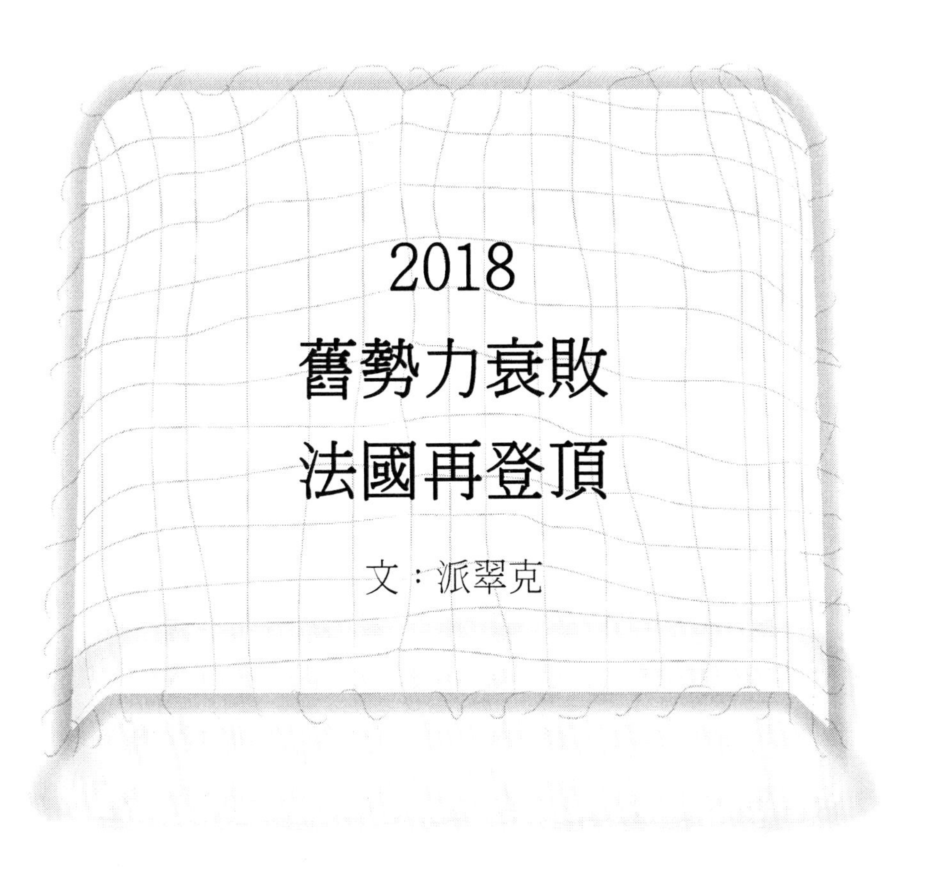

2018
舊勢力衰敗
法國再登頂

文：派翠克

2018 年世界盃移師到俄羅斯舉行，俄羅斯以前鐵幕國家身份擊敗一眾西歐國家拿到主辦權，本身就已經宣示了舊勢力無法再壟斷。而這一屆比賽也縱然回到歐洲賽場，也不是傳統強隊的世界。結果在一眾舊勢力的衰微之下，表現相對成熟穩定的法國，終於越過低谷，事隔二十年後再次成為世界冠軍。

舊勢力無法抬頭的格局，從資格賽結束就已經形成。四屆冠軍義大利，上屆季軍荷蘭，以及近年一直是決賽圈常客的美國、喀麥隆、智利、迦納和象牙海岸，竟然全部無法突圍。於是隨之而來的入圍者，就是第一次參賽的巴拿馬、冰島，以及久違的秘魯、埃及。不過這些稀客到了決賽圈，也似乎到了他們的極限。巴拿馬成為比利時和英格蘭刷數據的對象，冰島在首戰逼和阿根廷之後就無以為繼，秘魯沒有什麼亮眼表現，埃及甚至連對著沙烏地阿拉伯也要敗陣。

於是我們還是把目光放在常客們身上吧。阿根廷和葡萄牙雖然擁有當世進攻能力最強的球員梅西和 C 羅納度，可是在這一屆比賽的表現都令人失望。C 羅仍然是那個要求自己成為世上最強的人，在第一場比賽就大演帽子戲法，可惜葡萄牙仍然只能夠和西班牙以 3：3 打和，西班牙前鋒科斯塔（Diego Costa）的第一個進球，成為了世界盃史上第一個裁判以 VAR 判決的進球。然後葡萄牙也只能以 1：0 小勝摩洛哥，以及被伊朗逼和，在進球較少之下屈居在同分和同得失球差的西班牙之後成為小組次名。可惜 C 羅無力阻止葡萄牙在十六強被卡瓦尼（Edinson Cavani）射進兩球，最終這支歐洲冠軍球隊就被烏拉圭淘汰出局。

梅西的阿根廷情況更糟糕，在第一場比賽就被冰島打平，然後在戴著隊長臂章的梅西出戰之下，阿根廷慘遭克羅埃西亞轟了三隻光蛋。阿根廷必須擊敗奈及利亞才可晉級，梅西終於找到進球為阿根廷領先，可是之後又被奈及利亞追平，直到完場前 4 分鐘才由羅霍（Marcos Rojo）射進致勝球，阿根廷才勉強打進十六強。於是在十六強遇上法國，阿根廷就被法國狠狠地教訓一頓。阿根廷縱然在下半場初段進球反超前，可是帕瓦德（Pavard）的進球和姆巴佩（Kylian Mbappe）無情地以速度蹂躪阿根廷的防線，結果上屆亞軍阿根廷就以 3：4 輸給法國出局，梅西就在碌碌無為之下再一次敗走。

上屆冠軍德國在俄羅斯的情況比阿根廷更糟，日耳曼軍團以上屆拿冠軍的成員為骨幹，雖然這些球員仍然在球員生涯的黃金期，卻在這一屆賽事大失水準，第一場比賽就輸給墨西哥。到了第二場比賽，德國由克羅斯（Toni Kroos）在補時 5 分鐘射進致勝球，才以 2：1 反勝瑞典。本來德國只要擊敗兩戰全敗的韓國，就可以拿到晉級資格。可是德國一直拿韓國沒辦法，甚至是愈踢愈沒鬥志，反而是沒了晉級希望的韓國愈戰愈勇，甚至在完場前連進兩球，韓國成為第一支在世界盃擊敗德國的亞洲球隊，德國在小組賽排最後一名出局，是德國自 1938 年之後第一次在第一輪賽事就出局。

另一支前冠軍球隊西班牙也好不了多少，西班牙在比賽前兩天竟然以事先公布轉投皇家馬德里為由，將總教練洛佩特吉（Julen Lopetegui）辭退，由體育總監耶羅（Fernando Hierro）臨時領軍，令這支進入青黃交接期的球隊士氣受到打擊。他們在第一場比賽被 C 羅追平，然後在第二場比賽只能以 1：0 僅勝伊朗，到了最後一場分組賽對摩洛哥，在 90 分鐘仍然落後，陷入出局邊緣。還好亞斯巴斯（Iago Aspas）在 91 鐘進球追平，令西班牙保住晉級資格。可是亞斯巴斯在十六強從英雄變罪人，在加時沒能擊敗地主國俄羅斯之下，他在互射十二碼階段跟另一名隊友都射失了，使西班牙沒能晉級八強。

五屆冠軍巴西又如何？仍然是由內馬爾（Neymar）領軍的巴西，在第一戰只能跟瑞士打和，第二場比賽要到下半場補時階段連進兩球，才擊敗哥斯大黎加，然後在第三場分組賽以 2：0 擊敗塞爾維亞，獲得小組首名晉級。在十六強，巴西遇上將德國淘汰的墨西哥，由內馬爾和費米諾（Firmino）進球之下以 2：0 勝出，繼而在八強遇上風華正茂的比利時。沉寂已久的比利時在這一屆世界盃終於有點成績，他們在分組賽跟英格蘭一起輕鬆出線，然後在十六強落後兩球之下，連進三球將日本淘汰出局。巴西遇上比利時完全沒有辦法，在 31 分鐘已經落後兩球，下半場雖然追回 1 球，卻仍然以 1：2 落敗出局。相反比利時自 1986 年之後，再次打進世界盃四強。

比利時在四強的對手是法國，法國在分組賽表現只算平穩，以 1 球僅勝澳洲和秘魯，然後和丹麥踢了分組賽唯一互無比分的和局，以小組首名身份出線。不過法國在淘汰賽勢如破竹，先是剛才提到的將梅西技術性擊倒，然後在八強淘汰沒有卡瓦尼的兩屆冠軍烏拉圭。到了四強，法國和比利時都有攻破對手的機會，結果由法國中衛烏姆蒂蒂（Samuel Umtiti）取得唯一進球，令法國以 1：0 零擊敗比利時，第三次晉級世界盃決賽。

比利時在季軍戰再遇上分組賽對手英格蘭，英格蘭跟比利時在分組賽遇上實力差很遠的突尼西亞和巴拿馬，於是成為兩隊前鋒的搶分天堂，比利時的盧卡庫（Romelu Lukaku）在兩場比賽進了 4 球，英格蘭前鋒凱恩（Harry Kane）更進了 5 球。雖然英格蘭輸給比利時只能成為小組次名，不過他們在十六強以他們最不擅長的互射十二碼，將沒有羅德里奎茲（James Rodriguez）上場的哥倫比亞淘汰，凱恩在這場比賽射進第 6 球，使他成為金靴獎得主。然後英格蘭在八強輕鬆地擊敗瑞典，自 1990 年之後再次打進四強。不過四強輸給克羅埃西亞，再於季軍戰再次輸給比利時，令比利時刷新他們在世界盃的最佳成績。

於是這一屆決賽的另一個席位，就由立國不足三十年的克羅埃西亞奪得。克羅埃西亞在「魔術師」莫德里奇（Luka Modric）領導曼祖基奇（Mario Mandzukic）和佩里希奇（Ivan Perisic）等猛將出戰之下，第一場比賽就輕易擊敗奈及利亞。縱使這場比賽爆出替補前鋒卡利尼奇（Nikola Kalinic）拒絕替補上陣，然後被教練團逐出球隊的風波，卻無損格子軍的威勢，甚至在第二場比賽以 3：0 將梅西的阿根廷徹底擊敗。在分組賽三戰全勝的克羅埃西亞，在十六強雖然開賽不夠一分鐘就丟球，不過 3 分鐘之後就追平了，最終以互射十二碼將丹麥淘汰。到了八強，克羅埃西亞遇上地主國俄羅斯，也是在加時賽踢完仍然不分高下，克羅埃西亞再次以互射十二碼勝出晉級。四強遇上英格蘭，克羅埃西亞被英格蘭後衛特里皮（Trippier）的罰球攻破，下半場由佩里希奇追平，令克羅埃西亞連續三場都要踢加時賽。還好克羅埃西亞由曼祖基奇進球，以 2：1 擊敗英格蘭，成為第一支打進世界盃決賽的東歐球隊。

法國和克羅埃西亞繼 1998 年的四強之後，再次於世界盃舞台交手，結果還是由法國成為贏家。足球底蘊不及對手，以及展現疲態的克羅埃西亞，在決賽只能奮力抵抗如日中天的法國，可惜曼祖基奇的烏龍球令法國領先。雖然佩里希奇為格子軍追平，可是法國接著連進三球，幾乎將所有懸念消除。就算曼祖基奇進球將功補過，法國還是以 4：2 贏球，於國慶日翌日第二次舉起世界盃獎座。莫德里奇只能獲得金球獎聊作安慰，不過也已經成為克羅埃西亞創造歷史的偉人。

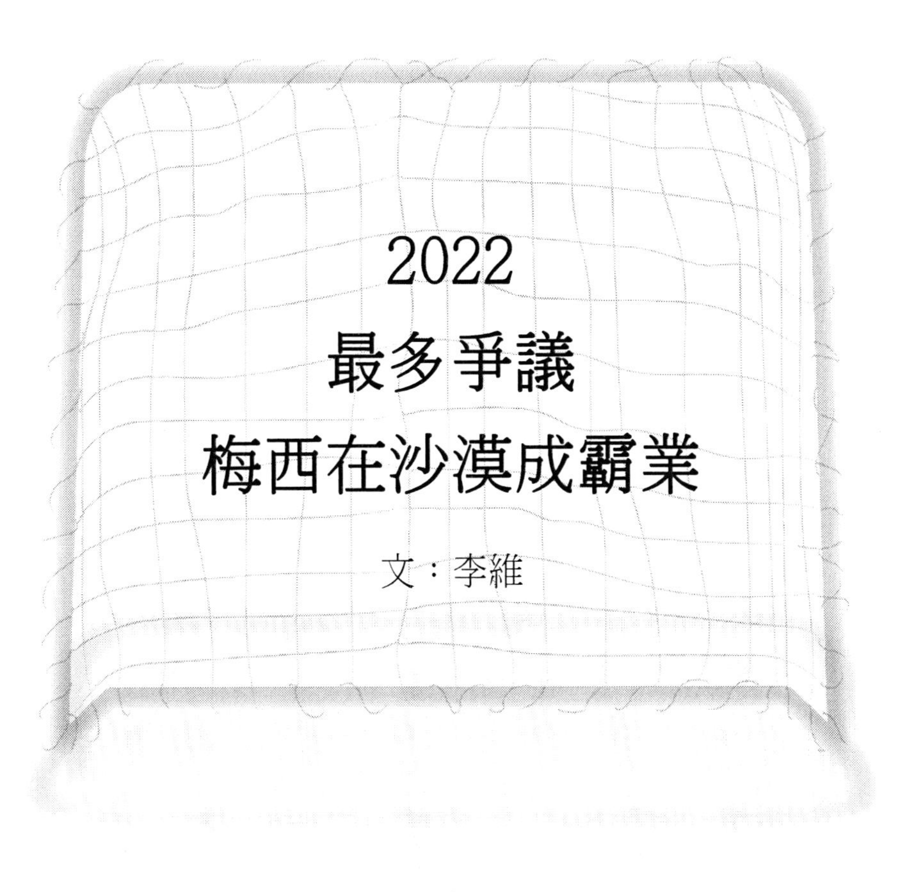

2022
最多爭議
梅西在沙漠成霸業

文：李維

2022 年世界盃始於爭議，終於驚嘆，梅西在 35 歲，踢了破紀錄的第二十六場世界盃決賽圈比賽之時，才拿到他夢寐以求了十多年，以及阿根廷人等待了三十六年的第三次世界盃冠軍，也終結了歐洲人連續五屆稱王的美夢。

這一屆世界盃早於 2010 年，就決定由中東小國卡達舉辦，長達十二年的爭議之聲就此展開。世人首先質疑的是，這個連在亞洲領域也不是足球強國，更沒有打進過決賽圈的小國，恐怕是因為有錢才被國際足聯相中，甚至從而引起國際足聯從中受賄的傳言。其次大家看一下才發現，卡達所處的中東國家在每年 6 月的溫度是接近攝氏 40 度，根本不可能舉辦足球運動。於是卡達為了保住得來不易的主辦權，就提出在球場安裝冷氣降溫，不過這樣就引起環保人士反對。當然主辦權就像撥出去的水，國際足聯不僅接納卡達的提案，還將開賽月份推遲到史上最晚的 11 月末至 12 月中，令歐洲、美洲和亞洲的聯賽都要大幅調動賽程來遷就。結果肺炎疫情令資格賽的賽程延期，才令決賽圈賽程延期變得順理成章，減少了國際足聯和卡達尷尬的局面。

在這一屆資格賽中，傳統強隊和 2022 年實力較強的國家隊幾乎都能入圍，僅有的例外是四屆冠軍義大利，竟然在資格賽最後一輪打和北愛爾蘭，將小組首名直接晉級的資格讓給瑞士，只能以小組次名身份參加附加賽，卻竟然在附加賽首輪就輸給弱旅北馬其頓，在拿到歐洲盃冠軍的九個月後，卻肯定連續兩屆世界盃無緣參與決賽圈。至於俄羅斯在附加賽進行前，因為發動俄烏戰爭，從而被國際足聯制裁之下失去參賽資格，只是俄羅斯本身實力不怎麼樣，所以沒入圍對大部分球迷來說也不算什麼損失。

由於國際足聯已經確定下一屆決賽圈會擴軍至 48 隊，所以這一屆是最後一次由 32 支球隊參加決賽圈。卡達已經以地主國身份拿到一席，澳洲又在資格賽附加賽擊敗南美洲的秘魯，令亞洲在這一屆是史無前例地有 6 支球隊參賽。可是大洋洲再次沒有球隊入圍，成為唯一缺失的版塊。

卡達是這一屆唯一首次參與決賽圈的球隊，為了拉近跟列強的距離，於是在拿到主辦權之後大力發展足球，還在 2019 年拿到亞洲盃。可是在揭幕戰踢了 31 分鐘，大家都明白卡達根本不夠資格參加這場足球盛宴。厄瓜多隊長瓦倫西亞（Enner Valencia）的兩個進球，令卡達在毫無還擊之力下，成為世界盃史上首支在第一場就輸球的地主國球隊。卡達實力和表現實在太差，所以在往後兩場比賽都沒有什麼改善，結果又成為史上第一支三戰全敗出局的地主國球隊。若非在塞內加爾身上拿到一個進球，恐怕恥辱紀錄又添一筆。

對於比利時、德國和西班牙這三支近年在世界盃叱吒風雲的歐洲球隊來說，這次世界盃之旅只是惡夢一場。上一屆拿到史上最佳成績季軍的比利時，在這一屆遇上主力嚴重老化和狀態不佳問題，在比賽期間更出現內訌，結果在分組賽就宣告出局了。德國就在第一場比賽領先之下輕敵，卻被日本變陣成功，首戰便以 1：2 輸球。然後在第二場比賽，也只是艱難地迫和西班牙。雖然在最後一場分組賽擊敗哥斯大黎加，卻因為西班牙竟然被日本隊反敗為勝，在得失球差不及西班牙之外，昔日的大賽之王竟然連續兩屆世界盃止步於分組賽。德國贏球出局一戰的唯一亮點，就是法國裁判弗拉帕（Stephanie Frappart）成為男足世界盃決賽圈史上首名女主裁判。

西班牙的情況不比德國好得多，他們在第一場比賽以 7：0 大破哥斯大黎加，令人誤以為他們具備爭冠能力。只是第二場比賽打和德國，第三場比賽輸給日本，令西班牙只能成為小組次名，當然這有可能是他們有意為之，因為這樣可以在決賽前避免遇上奪冠熱門球隊巴西和阿根廷。可是，西班牙竟然無法擊敗摩洛哥，結果在互射十二碼階段一球不進，被沙漠風暴無情吹走。

西班牙和德國的衰落，造就日本在本屆賽事一口氣將兩支前冠軍球隊殺退，史上首次連續兩屆打進十六強。連同韓國擊退烏拉圭，以及澳洲淘汰丹麥出局，造就世界盃史上有三支亞洲球隊打進十六強。可惜日本面對在分組賽表現平平，看起來已經老態龍鍾的上屆亞軍克羅埃西亞，卻在大好形勢之下被追平，最終互射十二碼落敗，沒能創造打進八強的歷史。韓國面對巴西就充分顯出防守能力的不佳，在上半場已經輸慘之下被淘汰。澳洲遇上阿根廷也是無力招架，於是亞洲球隊在十六強後全部回家。

巴西擁有明星級陣容，於是在賽前被視為頭號大熱門。而他們在分組賽擊敗塞爾維亞和瑞士都算容易，雖然在肯定晉級之下輸給喀麥隆，讓非洲雄獅終於結束二十年決賽圈不勝的弱勢，也沒有人懷疑森巴兵團的爭冠能力。尤其是在十六強，巴西在 36 分鐘已經領先 4 球，在不少球迷看來是霸氣盡顯。只是在八強遇上看起來不強的克羅埃西亞，巴西竟然無法撕破「格子軍」的銅牆鐵壁，到了加時上半場終結之前，內馬爾才以一己之力取得進球領先。當大家都以為克羅埃西亞只能乖乖投降，他們卻把比分追平，門將利瓦科維奇（Livakovic）還在互射十二碼階段成為英雄，令巴西慘遭淘汰，克羅埃西亞則連續兩屆打進四強。

克羅埃西亞在四強的對手，是阿根廷對荷蘭的勝方。荷蘭縱然在闊別一屆之後重返決賽圈，可是根本還沒走出青黃不接。還好他們在分組賽的對手不強，於是拿到小組首名，在十六強也輕易擊敗實力平平的美國晉級。

本屆是梅西第五次參加決賽圈，他也在賽前表示這次是最後探戈，所以把握最後機會拿到世界盃，以正他的球王之名，就是阿根廷在本屆賽事的主旋律，也彷彿是全世界大部分球迷的主觀願望。梅西在第一場比賽就射進十二碼，可是面對沙烏地阿拉伯竟然反勝為敗，第一戰就遭遇打擊。還好梅西和阿根廷及時振作，在往後的分組賽接連擊敗墨西哥和波蘭拿到小組首名，墨西哥就在戰力倒退之下，終於沒能延續之前七屆都打進十六強的成績。

在十六強賽，阿根廷在梅西的進球之下，以2：1擊敗澳洲。然後梅西又在八強建功，讓阿根廷輕鬆領先荷蘭兩球。不過阿根廷在戰意鬆懈之下竟然接連失球，在補時11分鐘被追平，令比賽進入加時，然後再以十二碼球決勝。門將艾米里亞諾．馬丁內斯（Emiliano Martinez）成為阿根廷的晉級英雄，不過西班牙籍裁判拉奧斯（Lahoz）的差劣執法引起雙方不滿，甚至爆發衝突，雙方球員拿到十八面黃牌，打破世界盃史上單場黃牌數最多紀錄。而美國記者瓦爾（Grant Wahl）在這場比賽工作期間，竟然在記者席倒下猝死，成為本屆賽事的一大悲劇。

另一邊廂，法國在這一屆比賽延續強勢，就算在賽前和比賽期間不斷出現傷兵，令多名戰將無緣入選和提早告別賽事，還能在分組賽擊敗澳洲和丹麥提早晉級，打破了之前三次上屆冠軍都在分組賽出局的惡運。然後在十六強，法國也輕鬆擊敗波蘭晉級。到了八強，法國遇上在分組賽和十六強賽都表現得四平八穩的英格蘭，就遇上第一個真正的考驗。之前已經進了五球的姆巴佩（Mbappe）被英格蘭守衛封死，不過英格蘭還是擋不住曹亞文尼（Tchouameni）和吉魯（Giroud）取得進球。雖然上屆金靴獎得主凱恩（Harry Kane）一度射進十二碼球追平，卻在末段把另一個十二碼踢飛，錯失了追平的機會，令法國得以再進一級，姆巴佩的張口大笑畫面成為賽事另一經典。

四強的最後一個席位，就落在摩洛哥手上，這個結果相信只有賽前胡亂瞎扯的喀麥隆名宿艾托奧（Eto'o）猜中。摩洛哥以穩固的防守和快速反擊，在分組賽擊敗比利時取得小組首名，然後在十六強守和西班牙，以互射十二碼球淘汰對手，史上第一次打進八強。在八強面對終於狠下心腸放棄狀態大不如前的C羅納度，且在十六強以6：1大破瑞士的葡萄牙，摩洛哥令葡萄牙一籌莫展，還把握對手門將一次失誤取得領先。縱然C羅在下半場替補上陣，英雄遲暮的他也無法拯救葡萄牙。於是摩洛哥成為史上第一支打進四強的非洲球隊，相反年屆37歲的C羅，在世界盃奪冠美夢完全幻滅之後只能掩面痛哭，一代傳奇的第五次世界盃之旅就此黯然結束。

可惜在緊湊的淘汰賽階段之中，兩場四強賽變得有點反高潮，皆因兩場比賽實在強弱太分明。梅西在上半場射進十二碼，加上新秀艾瓦雷茲（Julian Alvarez）梅開二度，輕易地擊敗在之前兩場淘汰賽激戰到互射十二碼，在四強已經筋疲力竭的克羅埃西亞，同樣是世界盃最後一戰的摩德里奇（Modric），也只能在無能為力之下提早退場，接受全球球迷的掌聲歡送。而本身實力不及對手的摩洛哥，又在四強戰遇上嚴重防線傷兵問題，於是法國就算姆巴佩沒有進球，也很容易取得勝利，連續兩屆打進決賽。克羅埃西亞就在季軍戰擊敗摩洛哥，繼 1998 年之後再次拿到季軍。

於是主宰足壇十多年的梅西率領阿根廷，與下一代球王姆巴佩領導的法國，在超過八萬八千名現場觀眾，以及全球數以十億計觀眾見證之下，爭奪成為第三次世界盃冠軍。法國有機會爭取成為第三支衛冕成功的球隊，可是開賽後卻完全失常，上半場竟然完全沒有射門。於是梅西在 23 分鐘的十二碼進球，以及迪馬利亞（Di Maria）在 36 分鐘的進球，令阿根廷在半場休息時以兩球領先。法國下半場就算換了球員，戰況看起來都沒有什麼起色。直到 80 分鐘，姆巴佩為法國射進十二碼球，形勢就突然完全變了。姆巴佩在 1 分鐘之後再進 1 球，將本來已經等著落敗下班的法國起死回生，等著領獎的阿根廷卻因此失了方寸。

於是比賽進入加時賽，梅西在加時下半場 3 分鐘把握機會，在門前混戰之下再度進球，令阿根廷以 3：2 再度領先。可是姆巴佩還沒放棄，在完場前兩分鐘再射進十二碼，結果踢完加時賽之後，阿根廷和法國踢成 3：3 平手，這場比賽成為第三次要以十二碼決勝的世界盃決賽。馬丁內斯再次成為阿根廷的英雄，他擋出了法國翼鋒科芒（Kingsley Coman）的施射，加上曹亞文尼射不中球門，相反阿根廷四次射門都進。結果阿根廷以總比分 7：5 擊敗法國，自 1978 和 1986 年之後再奪得冠軍。梅西、馬丁內斯和費南德斯（Enzo Fernandez）三名阿根廷球員分別獲得金球獎、最佳門將和最佳年青球員獎。姆巴佩就以 8 個進球拿到金靴獎，可是失落冠軍令他只能灰頭土臉地領獎。卡達世界盃在阿根廷人的欣喜之聲之下圓滿落幕。

國家圖書館出版品預行編目資料

歷屆世界盃風雲／派翠克、李維　合著一初版一 臺中市：天空數位圖書　2023.05 面：14.8*21 公分 ISBN：978-626-7161-64-7（平裝） 1.CST：足球　2.CST：歷史　3.CST：運動競賽 528.951　　　　　　　　　　　　　　112008666

書　　名：歷屆世界盃風雲
發 行 人：蔡輝振
出 版 者：天空數位圖書有限公司
作　　者：派翠克、李維
編　　審：非常漫活有限公司
製作公司：朝霞有限公司
美工設計：設計組
版面編輯：採編組
出版日期：2023 年 5 月（初版）
銀行名稱：合作金庫銀行南台中分行
銀行帳戶：天空數位圖書有限公司
銀行帳號：006－1070717811498
郵政帳戶：天空數位圖書有限公司
劃撥帳號：22670142
定　　價：新台幣 290 元整
電子書發明專利第　I　306564　號
※如有缺頁、破損等請寄回更換

服務項目：個人著作、學位論文、學報期刊等出版印刷及DVD製作
影片拍攝、網站建置與代管、系統資料庫設計、個人企業形象包裝與行銷
影音教學與技能檢定系統建置、多媒體設計、電子書製作及客製化等
TEL　：(04)22623893　　MOB：0900602919
FAX　：(04)22623863
E-mail：familysky@familysky.com.tw
Https　://www.familysky.com.tw/
地　址：台中市南區忠明南路 787 號 30 樓國王大樓
No.787-30, Zhongming S. Rd., South District, Taichung City 402, Taiwan (R.O.C.)